CW01646794

Templier

André Douzet

ISBN 978-2-915202-25-0
EAN 9782915202250
18 Euros
Dépôt légal : août 2014
Imprimeur :
Amazon

Table des matières

Templier

Tout d'abord le titre : **'templier'** en italique, sans majuscule. Ce terme `encyclopédique' est à prendre en tant qu'adjectif qualificatif, et surtout ne pas être entendu comme nom propre ou teinte historique. Ce mot, sous cette forme, permet de considérer, voire qualifier, tout ce qui a pu avoir trait à l'Ordre du Temple au sens large du terme :

- Tous les personnages liés à son histoire, qui le constituèrent ou l'annihilèrent, des plus grands, maitres et autres, jusqu'aux plus petits, anodins, anonymes, anti ou pro templiers, tous sans exception.

- Les objets qu'ils soient cultuels, sacrés, ésotériques, guerriers, usuels, agraires, tous sans exception. Les écrits, documents, archives, tous sans exception.

- Les constructions, commanderies, forteresses, maisons cheftaines, granges, églises, chapelles, écuries, toutes sans exception.

- Les arts de cet Ordre : peintures, gravures, sculptures, culture, savoir, connaissances, tous sans exception.

- Les maitrises rationnelles, scientifiques, techniques, spéculatives, opératives, symboliques, religieuses, toutes sans exception retiennent à divers titres notre attention.

- Enfin, et surtout, nous retenons les détails dits *`arbitraires et sans fondements',* tous sans exception, dans la mesure où ils sont présentés avec prudence, précautions d'usage et sage recul sans prise de fait ou cause.

Un titre vaste mais sans aucune prétention, sinon de

parcourir autant que faire se peut ce qui nous reste encore accessible, et surtout peu connu, de cet Ordre médiéval du Temple. De plus, aborder une polémique, un débat ponctuel, sur un sujet délicat ne peut qu'être salutaire dans le sens où il ouvre sur une réflexion évidente à des réalités souvent contestées ou simplement méprisées.

A chaque parution, une série d'études sur plusieurs thèmes sera présentée avec illustrations indépendantes jointes, ou incluses aux textes. Lorsque besoin il y aura, nous proposerons un dossier sur un seul thème ou sujet plus amplement développé. De plus nous pouvons présenter, en cas de nécessité, des documentaires `vidéo' en notre possession axés sur les sujets abordés nécessitant pour preuve par exemple, des prises de vues complémentaires à nos écrits. Ces productions documentaires ne seront pas proposées en formule 'abonnement'. Chacune fera l'objet d'une information ponctuelle offrant le libre choix d'un numéro au lecteur sans le contraindre à acquérir toute la série. Les correspondants qui le souhaitent seront informés personnellement au gré des publications, environ un mois avant leur parution.

Les thèmes choisis proposés concerneront des sites, faits, personnages, objets, récits, etc., liés à l'Ordre du Temple.

Mais aussi nous explorerons des aspects à ce jour inconnus, oubliés ou toujours considérés comme tabous. Nous présenterons des sites peu connus, quasiment jamais étudiés, laissés pour compte, oubliés, ou pire, méprisés. Nous allons parcourir le temps, depuis l'apparition de cet ordre hors du commun, jusqu'à nos jours au fil de dérives, mémoires et, surtout des dernières découvertes récentes ! Nous aborderons différentes facettes de l'extériorisation de l'ordre, durant son existence, sous bien des formes. Surtout nous tenterons une étude jamais ouverte à un large auditoire, celle du fameux TEMPLISME dans ses rapports avec l'Ordre du Temple et ses résurgences tout au long des siècles. Il semble, de plus, que des mises à jour se produisent actuellement en différents lieux... et milieux, nous en donnerons des informations. Nous ne négligerons pas, non plus, les aspects légendaires, mythiques, traditionnels, populaires, en usant cependant de toute la prudente réserve voulue dans ce genre d'étude nostalgique et agréable... en n'oubliant pas le vieil adage *il n y a pas de fumée sans feu !*

Le déroulement historique avec toutes ses extensions documentaires répertoriées, ne saurait être négligé. Chaque fois que cela sera indispensable, nous en proposerons un résumé accompagné d'une bibliographie. Avec celle-ci, s'il le souhaite, le lecteur pourra compléter sa recherche sans pour autant que soit alourdi, ou allongé, notre texte par des éléments déjà étudiés, répertoriés par des historiens plus qualifiés que nous en ce domaine. Enfin, surtout, nous soulignerons souvent que cet Ordre aux influences encore inimaginables était le fait d'hommes, certes exceptionnels pour leur époque, mais tout de même avec leurs forces et leurs grandes faiblesses. Cet aspect est trop souvent laissé pour compte par les historiens et chercheurs habituels. Les uns n'y voient que des hobereaux en quête de richesses, débauchés, aux pouvoirs temporels immodérés, les autres des sortes de créatures moitié `superman', moitié machine à tuer, assoiffées d'un occultisme délirant. Cet aspect, au départ simplement humain, sera mis en relief à chaque parution, au risque de choquer plus d'un lecteur en raison de la mise à mal d'une vision généralement romantique, héroïque de l'Ordre du Temple, la vérité n'étant pas toujours agréable à entendre !

C'est ce développement que nous tentons dans la mesure de nos possibilités, de réaliser en compagnie du lecteur dont nous nous efforcerons toujours de prendre en compte les observations, souhaits ou critiques.

1128... Concile de Troyes, un ordre nouveau est fondé 'L'ORDRE DU TEMPLE'. Ce concile, de nos jours, n'apparaît pas d'une importance historique remarquable et les événements en découlant directement seront souvent vite oubliés, effacés ou ignorés.

L'Ordre du Temple prend rapidement une ampleur et une puissance phénoménales jamais égalées inquiétant prodigieusement les grands détenteurs des pouvoirs spirituels et temporels de l'époque.

Le 13 octobre 1307 l'œuvre entière de l'Ordre du Temple semble irrémédiablement frappée à mort.

1312 : un autre concile, celui de Vienne, orchestré de toutes pièces pour ce faire, dissout l'Ordre du Temple.

La tragédie se poursuit encore jusqu'à ce 18 mars 1314 sur l'ile aux Juifs à Paris, le dernier Grand Maitre, avec le Commandeur de Normandie et un troisième dignitaire, sont brûlés scellant ainsi une des plus grandes énigmes de l'Histoire.

Voilà plus de sept siècles se jouait cette ultime phase. Depuis lors, les mystères sur cette affaire ne cessent d'exciter la curiosité des historiens, cependant avec grande prudence pour ceux-ci, et chercheurs de toutes sortes, en leur posant un irritant problème sur trois thématiques :

- l'Ordre du Temple a-t'il totalement disparu cet automne 1307 ?

- les templiers, ou certains d'entre eux, pratiquaient-ils une doctrine secrète ?

- qu'advint-il des documents et autres `trésors', aujourd'hui encore introuvables échappés à la rapacité des enquêteurs et accusateurs ?

A ces questions, s'en grefferont d'autres plus secondaires, telles que : l'Ordre était-il à propos de sa prochaine 'dissolution' ? A-t-il eu réellement une succession, même partielle ou ponctuelle, dans le temps ?

De fait, cet état global nous amène à observer que les travaux engagés de manière générale sur le sujet se répartissent en deux grands groupes :

1) Les recherches hétéroclites, anarchiques, associatives ou non, abordent le thème sous des aspects tous plus obscurs et délirants les uns que les autres n'ouvrant le moins du monde, et pour cause, sur des résultats concrets.

2) Des travaux historico-scientifiques. Ceux-ci se bornent, d'une part à l'exploration inlassablement reprise de documents archives, bien accessibles, méticuleusement répertoriés et d'autre part à des constats archéologiques prudemment laconiques. Ces travaux donnent une série de références lénifiantes aseptisées, expurgées d'indices notoires en matières d'inédits, reprises de générations pantouflardes en générations frileuses, par de craintifs 'experts' tous plus assommants les uns que les autres.

Dans ces deux cas, le seul point de convergence tient au fait que `la montagne de l'Ordre du Temple accouche d'une souris' !

Mais hélas, à ce morne constat s'ajoute d'abord celui concernant les dégradations administratives `curieuses' lors de travaux `officiels' sur des sites historiques inscrits au répertoire, plus incroyable encore, au classement, et ensuite celui plus dramatiquement irréversible des dérives 'héritières' conduisant à des mascarades délirantes, escroqueries éhontées et crimes monstrueux à tendances 'néo-quelque chose' !

L'étude de l'Ordre du Temple, de l'extravagance loufoque débridée à la rigidité dogmatique des historiens, serait-elle bornée à ces étroites et irrémédiables réalités ? Il y a, hélas, souvent tout lieu de le supposer !

Une recherche conduite sur un thème comme celui de l'Ordre du Temple doit forcément bénéficier d'une charpente historique s'appuyant sur des chronologies et documentations officiellement reconnues comme telles. C'est une évidence, mais une seule charpente sans couverture ne sert pas à grand-chose en dehors de l'exercice de style. Elle n'est qu'un tronc sans vie, sans feuillage ni fruits : un support utile certes, mais sans couleurs, stérile, cassant, morne, mort. L'étude de l'Ordre du Temple ne saurait se cantonner à une `nature morte' aussi décorative soit elle.

Le constat est identique dans le cas d'interprétations ou recherches hasardeuses sans structures ni cohérences. Le juste milieu pourrait être, essentiellement, un mélange équilibré entre ossature historique, travaux concrets de repérages sur sites et annexes. Il reste pourtant un aspect habituellement laissé pour compte par nos historiens de service, celui du légendaire traditionnel populaire local. Les scientifiques conduisent une guerre sans merci contre *ces ramassis de rumeurs loufoques sans le moindre fondement* qui, pourtant, souvent débouchent sur des éléments retrouvés au fil de travaux ou découvertes involontaires, que s'arrachent alors comme chiffonniers musées et archéologues en mal 'd'inventions' dès leurs 'inventions'.

Si les documents archivés restent sauvegardés, stables, accessibles dans le temps, il n'en est pas de même pour les nombreux témoins architecturaux, religieux, guerriers et objets usuels sous toutes formes autrefois indispensables à une communauté. Ce dernier ensemble étant soumis à une usure naturelle, ou plus souvent à un saccage humain, rendant ces témoignages de moins en moins 'exploitables'. Pourtant ces témoins sont ceux de ce que fut une vie, celle de l'Ordre du Temple. Les manuscrits étaient nécessaires à cette communauté : lois, règles, comptabilité, actes de toutes sortes mais que pouvaient être ces montagnes d'écritures sans la vie qu'elles géraient et qui les générait spontanément en retour ?

La recherche de ces témoignages est celle de la vie de l'Ordre du Temple. Chaque lieu, objet, de cette communauté est un souvenir indissociable à tout moment de sa durée. Chaque vestige est un instant de cette existence passée, un témoin incontestable. C'est sans doute ce qui gêne, parfois, certains officiels sur le sujet, surtout lorsqu'il est difficile d'apporter une explication tangible à un aspect nécessitant une approche, disons symbolique pour ne pas dire ésotérique ! Il est tellement plus facile, moins encombrant, de clamer par effet de sottise frileuse l'inexistence d'un fait, plutôt que d'en admettre un aspect délicat ou non conforme aux normes des 'bien-pensants'.

Il existe sur le sujet une infinité d'éditions ponctuellement régulières, sous une multitude de formes médiatiques, disputant, plus que partageant, un très vaste domaine d'investigation. En proposer une de plus est-ce vraiment utile et bien raisonnable ? Ce qui sera proposé comprendra une présentation d'éléments moins 'aseptisés', plus inhabituels, une vision autre sur des 'faits' souvent laissés pour compte ou prudemment oubliés.

Réalités Templières

LES TEMPLIERS AU COMBAT

L'Histoire des chevaliers de l'Ordre du Temple, leur vie, leur procès, leur condamnation, restera toujours auréolée de merveilleux mais aussi de la brume du doute quoi qu'on puisse écrire à ce propos.

Il n'est pas ici question de reprendre l'ensemble du problème, mais seulement de remettre peu à peu *certains détails* dans l'éclairage d'une réalité simplement humaine faisant en sorte qu'ils deviennent enfin des *détails certains !*

Nous reviendrons, une autre fois, sur l'aventure d'Hugues de PAYENS et de ses 8 autres compagnons ayant constitué *les Pauvres Chevaliers du Christ.* Nous prendrons seulement, pour l'instant, un aspect de ceux qui, entre 1119 et 1120, deviendront *Chevaliers du Temple.*

Très vite, en Terre sainte, des troupes se forment sous les bannières de bataille de l'Ordre. Ces bataillons acquirent immédiatement la farouche réputation, parfois jalousée, le plus souvent méritée, d'un courage indomptable remarquable dans tous les rangs de la chrétienté. Ils forment des unités combattantes permanentes, disponibles, redoutables par leurs forces, efficacité et discipline. Ces reconnaissances étaient de fait, tant dans les rangs chrétiens que musulmans. Ils étaient l'élite inimitable.

L'Histoire, la légende, la vision populaire en fera cette image : le chevalier du Temple apparait toujours mieux que les sergents simples cavaliers, la piétaille, l'intendance.

Survolons quelques ouvrages illustrant le sujet. L'homme est toujours représenté de grande stature, bien campé, tête et regard fiers, droits, celui des héros justes, bienvenus. Il est impeccablement vêtu, la cape semble tout juste sortir de la blanchisserie, immaculée, empesée, repassée, le haubert et l'armement viennent d'être passés au 'miror', la posture est noble, hautaine, mesurée, précise. Par chance, il nous est toujours présenté sous son `meilleur profil' du côté de l'épée

tant qu'à faire ! Il est bronzé, les traits agréables mais néanmoins volontaires, virils. Notre chevalier se superposerait tout à fait aux affiches d'appel aux volontaires pour la Légion Étrangère. On imagine presque qu'il sent bon le sable chaud ! On devine derrière lui l'auréole des hommes de Dieu de la grande et noble chevalerie sur fond de fracas guerriers, cris de batailles, bannières, fières montures et musique de charges wagnérienne.

Cessons de rêver, car à présent nous en venons à la réalité de ceux qui avant d'être de *l'Ordre du Temple* sont essentiellement des hommes ordinaires avec leurs forces oui, leur foi sûrement mais aussi leurs faiblesses, leurs erreurs, leurs errances... leurs peurs aussi.

Nous allons aborder, peu à peu, des détails semblant irrémédiablement ternir ces images d'Épinal pour rêveurs attardés et adolescentes romantiques. Ces détails, la première surprise passée, nous montrent des hommes, des faits, vrais, simples qui certainement, firent un jour toute la splendeur de l'Ordre du Temple. Lorsque nous trouvons des descriptions physiques de certains chevaliers, nous voyons surtout des hommes trapus, pas très grands, des hommes habitués aux exercices physiques guerriers prolongés. Les équipements sont d'excellente qualité, sobres, très simples.

IMAGERIES LENIFIANTES HABITUELLES :

Les premiers clichés 'primaires' posés sur `l'homme du Temple' sont quasiment toujours les mêmes :

- Une origine de très haute aristocratie.

- Une initiation à la foi chevaleresque, religieuse, guerrière, suivie très vite par une insistance ésotérique, occulte, magique, parfois diabolique.

- Puis, lentement, le paysage 'zoome' sur quelques commanderies aussi redoutables forteresses que mystérieuses à souhait, décors grandioses, inquiétants, crépusculaires, ou rôtissant au soleil oriental.

- Ensuite arrivent les inévitables scènes de guerre, de combats, de batailles sans pitié ou bien entendu nos templiers de service seront immanquablement d'héroïques infaillibles vainqueurs, ou victimes succombant héroïquement sous le nombre sans reculer d'un pas !

- Encore quelques gros plans sur d'autres Chevaliers du

Temple, ceux-ci savamment tenus dans une ombre complice dont jamais on ne pourra vraiment deviner les noms ni les origines. Ils seront affairés à d'occultes besognes ou cérémonies de haute théurgie puis à ensevelir d'incalculables trésors sans oublier d'activer de multiples pièges et sacrifices humains, d'enfants de préférence, ou viols de femmes somptueuses.

- En fin de présentation arrivent d'insoutenables scènes de tortures durant lesquelles d'effarants secrets seront arrachés, juste avant les flammes purifiantes du bûcher salvateur nous épargnant des infernales foudres.

- Mais ce n'est pas tout car le spectateur verra le rideau tomber sur une galerie de tableaux tous aussi hermétiques et incompréhensibles les uns que les autres, sur lesquels de savants chercheurs ésotériques nous expliqueront, l'air docte d'un âne qui pète, tout ce qu'ils n'ont jamais pu comprendre ou assimiler le moins du monde.

- A la fin du spectacle passeront, sous nos yeux éblouis, d'étranges obscurs nouveaux néo-templiers auréolés de la gloire réclamée des origines de l'Ordre médiéval ! Quand ce ne seront pas la multitude des réincarnations de Jacques de MOLAY, ou quelqu'autre maitre secret, se chamaillant aux guichets pour recevoir leur part, plus copieuse que celles des autres, du mythique gâteau ! Ou encore les traditionnelles demeures on d'innombrables guides, de préférence missionnés spirituellement, vous diront à voix basse avoir, dans leurs fondations, enfouis quelques secrets monstrueux, fabuleux étant seuls capables d'ouvrir sur on ne sait plus bien sur quoi en fait ? ? ? Restons un peu sérieux.

Certes il y a de nombreux lieux et faits templiers pour le moins insolites encore difficiles à expliquer. Mais il est tellement plus facile de les aborder sobrement avec un minimum de précautions élémentaires sur le plan de la prudence voulue en des lieux ou parfois tout risque de s'écrouler sur le visiteur imprudent sans surtout faire entrer en scène la moindre force occulte ou magique des la première seconde !

Prenons pour premier exemple la scène habituellement 'hollywoodienne' des guerres et combats dans lesquels l'Ordre du Temple intervint sans compter. Tentons, sur ce plan, d'avoir une vision lucide et tangible des scènes de combat. L'engagement commence entre neuf et dix heures au soleil. La journée de bataille durait pratiquement d'un seul trait jusque vers dix-huit heures. Soit huit à neuf heures sans intermittence sur le théâtre d'épouvantables affrontements sans merci. Huit longues heures au cours desquelles peu à peu la foi, la conviction, la volonté font place à la peur, la fatigue, en fait à plus rien !

Jusqu'au premier choc des antagonistes la visibilité est acceptable. Une mer houleuse, faite d'un enchevêtrement compact, où s'avancent irrémédiablement hommes, chevaux, machines de guerre, bannières, étendards, et luisantes pièces de protections métalliques. Puis un temps de silence lourd, indescriptible, durant lequel le temps reste suspendu. Enfin, tout à coup, les cris de guerre, de clans, de religion, ouvrent de part et d'autre les hostilités de l'affrontement.

Très vite c'est l'incroyable violence du premier contact,

l'enchevêtrement du premier choc guerrier. La cavalerie, de tous temps, est la pièce majeure de la première charge, celle qui déstabilisera l'adversaire. De part et d'autre, on charge et se protège de cet assaut féroce d'une intensité inouïe. Triste constat pour les inconditionnels de la noblesse du cheval, de cette connivence légendaire irréaliste, créée de toutes pièces à des fins romantiques, du guerrier avec sa monture ! Car effectivement, la seule façon de briser efficacement une charge de cavalerie est la lance de pied, celle qui blesse à mort la monture et désarçonne le cavalier l'obligeant à combattre au sol, empêtré qu'il est dans son lourd équipement.

De part et d'autre, la légende fait place à la triste réalité, la grande surréaliste noblesse de la chevalerie restera au vestiaire. Des deux côtés les chevaux sont, par centaines, les premières et innocentes victimes !

Les équipements se couvrent de crasse, les fanions tombent, les tenues se souillent rapidement, peu à peu les signes distinctifs héraldiques deviennent illisibles.

Puis tout va très vite. A pied, il est maintenant difficile de se reconnaître dans cette mêlée inextricable, les bannières permettant de se retrouver, s'identifier, de manœuvrer précisément dans un mouvement stratégique, sont bientôt invisibles au milieu d'étouffants nuages de poussière épaisse. Les cris de guerre sont couverts par les fracas de métal, les hurlements, souvent plus de douleur que de ferveur.

Et la fête ne fait que commencer !

Imaginons un instant : la tenue de guerre nécessite une sorte de solide vêtement à même la peau, puis une chemise d'épais rembourrage pour éviter les morsures de métal du lourd haubert enfilé sur l'ensemble. Le tout est le plus souvent recouvert d'une épaisse tunique. La tête est protégée par les casques de toutes formes. Jusqu'aux pieds, les protections sont renforcées et rembourrées si on les veut efficaces. Imaginez encore, à midi plein, en Orient, ce que devait endurer le guerrier sous cet équipement pratiquement étanche, sous un implacable soleil, avec une température approchant, voire dépassant, souvent les 40°!

De plus, il faut sans répit prendre garde où l'on pose les pieds, à l'ennemi, à ses congénères. Au sol commencent à s'entasser les blessés, les mourants, souvent de son propre camp, puis des adversaires qui dans un dernier sursaut de rage ou de terreur tente de couper quelques talons ou faire tomber les combattants empêtrés dans la mêlée.

Il faut surtout manier sans relâche, qui la masse d'arme, qui la hache d'assaut, qui l'épée ou l'épieu de combat soit des instruments de 2 à 3 kg, au moins, se faisant plus lourds à chaque minute, sans oublier le bouclier épuisant l'épaule et le bras qui en portent de plus en plus péniblement, sous un orage de coups cela durant au moins huit heures, sans le moindre espoir de quitter, un pauvre instant, ce champ d'épouvante !

Les belligérants sont devenus de véritables autocuiseurs en mouvement. Essayez de gesticuler vivement, ne serait-ce qu'une heure avec une simple barre de fer de 3 kg, sans parler des équipement et tension nerveuse du moment, vous risquez de trouver la chevalerie bien douloureuse, bien pénible, bien moins rutilante ou enivrante !

Mais ce n'est pas tout. Les coups pleuvent, les écus de défense, s'ils sont efficaces, approchent les 8 à 10 kg. Le constat est valable pour les deux camps. Pas un instant de répit, pas de pause, pas de casse-croûte, de boissons fraîches, même pas d'eau tiède.

Puis reste encore le pire, pudiquement évité par nos habituels historiens. L'homme n'est qu'un homme avec ses besoins naturels humains, bataille ou pas ! Cherchez bien, pas de 'W.C. toilettes' sur un champ de bataille. Des deux côtés, pas d'autre solution que de soulager ses besoins biologiques sur soi si l'on ne veut pas se faire tailler en pièces en cherchant 10 secondes 'd'isolement'.

L'esprit s'obscurcit, on ne voit plus rien, on ne pense même plus. Même Dieu, sans doute, se trouve aux 'abonnés absents' horrifié qu'il doit être par de telles visions infernales! Plus rien ne compte sinon taper, cogner, tailler, tuer avant d'en subir tout autant !

Le soir arrive. Les antagonistes de part et d'autre se replient, épuisés, meurtris, blessés ou agonisants. Tant qu'ils le peuvent les antagonistes emportent leurs morts. La foi, les convictions font place à la nausée, l'incroyable vide du désespoir dans un indicible épuisement physique. Notre héros de métal, fier et arrogant, n'est plus qu'une pauvre créature douloureuse dans sa boite de fer cabossé, saignant de partout, dolent. Il ne sent plus le sable chaud mais la sueur, le sang, les excréments, l'horreur !

Au camp, les rescapés s'effondrent, n'aspirant qu'à de l'eau. On enlève leurs harnachements cuisants, nauséabonds. Les combattants de Dieu se font recoudre, panser, soigner quand ce n'est pas se faire donner l'absolution ou la prière aux agonisants.

Les plus atteints seront évacués plus en arrière. Peu de chevaux reviennent. Les bannières, tant que faire se peut, sont ramenées par les survivants.

Les survivants !? Sont-ils encore des hommes ? Ils mangent un peu, les yeux hallucinés, la tête vide ou remplie de monstruosités que plus rien n'effacera jamais de leur mémoire ! Le héros s'endort lourd, d'un coup, comme une masse, le corps meurtri, vide de ses forces.

La nuit, des gémissements se mêlent aux râles de ceux qui ne verront pas demain. La nuit, peut-être peuplée de doux rêves entrecoupés de cauchemars terrifiants.

Lever du jour. On prend ceux qui restent en mesure de combattre encore, on leur adjoint de nouveaux renforts arrivés la veille ou la nuit, avec de nouveaux chevaux.

Tout le monde est prêt, au nom de la foi, pour la boucherie.

On recommencera ainsi des jours, des semaines, des mois.

Oui, il n'est très beau le luisant, auréolé, fier chevalier du Temple de l'imaginaire populaire.

Pourtant, à mieux y réfléchir, cet homme qui fit un jour l'Ordre du Temple au prix de sa vie, était bien fidèle au rendez-vous de l'horreur et de la gloire, *armé de foi au dedans, et de fer au dehors !*

Peu de ces hommes, pour ne pas dire aucun, ne recula face à cette épouvantable épreuve.

La réalité humaine dépasse tellement la fiction. En fin de compte ce n'est qu'une réalité d'homme, tout simplement.

Nous nous contenterons sur ce registre, afin de l'illustrer sommairement, de citer simplement St Bernard dans sa description personnelle des hommes de l'Ordre du Temple :

Ils ne sont jamais oisifs, ni répandus au dehors par curiosité, mais quand ils ne marchent point à la guerre, ce qui est rare, ils raccommodent leurs armes ou leurs habits, ou les mettent en ordre, ou font enfin ce que le maître leur ordonne

Ils coupent leurs cheveux, se baignent rarement, sont pour l'ordinaire négligés, couverts de poussière et brûlés du soleil.

A l'approche du combat ils s'arment de foi au dedans et de fer au dehors, sans ornement sur eux ni sur leurs chevaux, ils se préparent à l 'action avec toute sorte de soins et de prévoyance, mais quand il est temps, ils chargent vigoureusement l'ennemi sans craindre le nombre ni la fureur des barbares, se confiant non en leurs forces mais en la puissance du dieu des armées, ainsi ils joignent ensemble la douceur des moines et la valeur des soldats.

Église Templière de Montsaunès

A Villandraut -Gironde-, naît en 1264 un certain Bertrand de GOT. Enfant des vicomtes de Lomagne, une très ancienne, mais peu fortunée, famille de Gascogne. L'enfant se montre rapidement doué d'une intelligence remarquable et fréquente de célèbres universités lui permettant d'embrasser rapidement une brillante carrière religieuse. D'abord évêque d'Agen, puis archevêque de Bordeaux, il n'aura de cesse d'être évêque de St Bertrand du Comminges. Cet intérêt pour ce lieu l'obsède épidermiquement, curieusement au-delà même de tous clivages politiques, pouvoir temporel ou spirituel. Le passé du site mérite l'attention tant par son histoire aussi insolite que riche en symbolisme de toutes sortes.

Ce n'est pourtant pas Bertrand de Got qui sera à l'origine du toponyme de St Bertrand, mais Bertrand de l'Isle Jourdain, auteur de nombreux miracles extraordinaires.

En visitant le trésor de St Bertrand, le visiteur admire, en particulier, un objet peu banal : une *corne de licorne.* Effectivement, Bertrand de GOT voue une véritable fascination pour ce vestige formidable d'environ 1,60 m -en vérité une dent de narval : monodon monocéros-, au point de s'en être fait sa crosse d'évêque qu'il lègue à son départ de cet évêché sous condition expresse aux de Comminges. L'objet, au fil des ans, s'avère tellement insolite et auréolé de mystère que la superstition le rend peu à peu doté de pouvoirs magiques formidables. Par ailleurs, de GOT prendra le pseudonyme d''évêque à la Licorne'.

Le 'Document Rubant' précise encore que Bertrand exige, au moment de faire don de son 'alicorne' à l'évêché que son trésor soit mis sous la garde et responsabilité, de trois chevaliers de la commanderie de Montsaunès. Ce texte[1] précise que celui-ci, devenu enfin Clément V par la volonté d'un roi félon, conservant toujours vif le souvenir de cet objet précieux, s'en inquiète régulièrement. Au contenu de certains courriers du prélat, il semble surtout qu'à la chute du Temple, en 1314, Clément V se soit assuré que les trois hommes du Temple ne seraient ni interceptés, ni même inquiétés, voire effacés des registres religieux. Le pourquoi de ce geste inattendu reste à charge, pour eux, en échange de cette mesure de clémence, de poursuivre leur veille sur le précieux vestige même, et surtout, après le procès de l'ordre, puis de choisir et prévoir `sagement' les successeurs de cette mission insolite. Clément V ira ensuite vers le destin que nous lui connaissons.

Revenons maintenant un peu plus sur le lieu d'origine des trois chevaliers choisis pour cette veille: le site de Montsaunès.

---

1 18ème siècle.

Comme à son habitude, l'Ordre du Temple n'établit pas cette commanderie sans impératif stratégique militaire et commercial, mais aussi sur des perspectives et plans cultuels et symboliques. La prise de Saragosse -1118-, la cuisante défaite de Fraga -1134)- motivent l'implantation de l'Ordre au premier appel de détresse des Comminges. Ch. Higounet résume clairement la situation *La commanderie de Montsaunès était, par sa situation et par ses biens, la plus importante du versant français des Pyrénées... la route des pèlerins, des marchands et des armées passait par ses portes.*[2]

Sur l'implantation de l'ordre du Temple à Montsaunès, les documents font cruellement et curieusement défaut, alors qu'ils abondent formidablement dès la seconde moitié du 12ème siècle soit quelques années après la fondation, jusqu'au 18ème siècle. Absence regrettable car les avis divergent déjà selon deux hypothèses retenues pour les plus tangibles :

1) L'Ordre s'installe en un lieu où existe alors une église 'Bénédictine' avec une communauté laïque.

2) Selon Higounet, le Temple serait directement à l'origine d'une structure humaine autour de sa maison aux environs de 1140. Quoiqu'il en soit, de nombreux vestiges du néolithique aux époques romaines seront retrouvés dans ce secteur. Cela n'exclut pas que le site aurait été abandonné par le romain, puis réoccupé au 12ème siècle pour plus d'une raison logique !

---

2 Revue du Comminges 1952

De ce point, viennent ensuite deux variantes historiques:

1) L. Dutil fait état d'un acte de 1142 par lequel le premier commandeur Templier serait un `De Pins' s'illustrant brillamment au cote de Hugues de Payens en Palestine. La mère de ce pèlerin de Pins était fille du comte de Comminges et épouse De Pins d'où l'hypothèse de Dutil. 'On' dit que l'acte de 1142 aurait disparu des archives, ce qui suffira certainement pour d'autres chercheurs à mettre en doute son existence.

2) M. Mondon constate, par le 'Cartulaire des Templiers'[3], que ce seraient les mêmes templiers qui installèrent Montsaunès et La Nougarède en raison des graves ennuis de frontière a ce moment. La Nougarède assurant le contrôle du bassin de l'Ariège, Montsaunés celui des Pyrénées Occidentales.

Quoiqu'il en soit, l'Ordre bénéficie très vite de nombreux dons faisant de cette commanderie une véritable puissance autonome financière, terrienne, spirituelle jalousée tout au long de la durée de l'Ordre du Temple. Le cartulaire de Haute Garonne confirmerait que de 1161 à 1193, seuls des seigneurs de cette région auront la charge de Commandeur à Montsaunès.

En 1312, la gestion de la commanderie passe aux mains des Chevaliers de St Jean, devenant en 1530 avec la prise de Malte, Chevaliers de Malte. Cependant, l'historique du site n'est pas à l'ordre du jour puisqu'il nécessiterait à lui seul, sans doute, des milliers de pages. L'église de Montsaunès est

---

3 Archives départementales de Haute Garonne.

aujourd'hui le seul vestige, dans un état de conservation étonnant, de ce que fut la commanderie. Pour cette dernière plusieurs documents la reconstituent approximativement sous le titre terrier de 'Château'.

L'église aurait été construite vers 1180. Dans son ensemble peu de modifications notoires dans ses structures de base, semblent avoir affecté l'édifice. On peut supposer sans risque de trop se tromper que nous la voyons actuellement, à quelques détails mineurs près, telle qu'elle se présentait à l'époque du Temple.

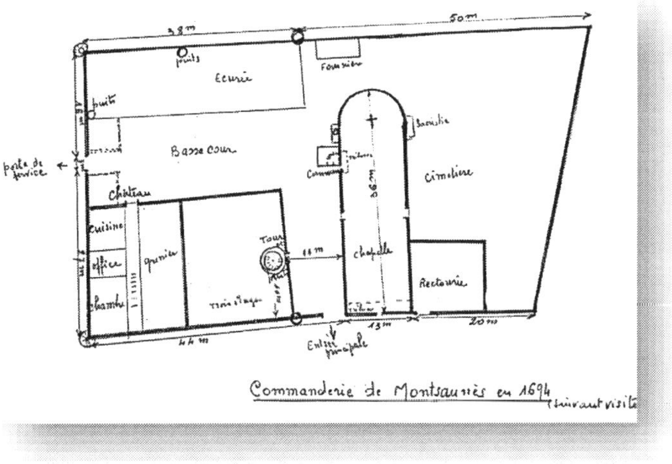

UN PLAN DE BASE

Le plan de base est rigoureux, comme le confirme parfaitement Mme Françoise Laborde dans son résumé : *une nef constituée d'un rectangle, sans bas-côtés, ni chapelles; elle est divisée en quatre travées. Le chœur est à peine plus étroit que la nef, de forme hémicirculaire à l'intérieur, à onze pans coupés à l'extérieur. Une tour placée au nord, à la jonction entre le chevet et la nef, sert d'accès aux combles.*

L'édifice est quasiment construit en briques rouges, hormis les chaînages d'angle, assises, adjonctions nombreuses dans le chevet et appareillages de tableaux d'ouvertures.

Le but de ce travail n'est pas ici de donner un exposé d'architecture de l'édifice, d'autres s'en chargent avec succès, mais d'en souligner certains aspects plus surprenants, pour une fois vérifiables sur place.

ESOTERISME

Le monde historien, archéologique ou religieux, en ce qui concerne l'Ordre du Temple refuse catégoriquement de constater le moindre détail pouvant être qualifié *`d'ésotérique'*. Le symbolisme est à peine toléré, seulement sous réserve d'entrer scrupuleusement du bout des lèvres dans les moules établis d'où toutes dérives, surtout motivées, sont à exclure radicalement ! N'en déplaise à ces doctes respectables personnes, nous allons tenter d'établir des constats sans doute un peu dérangeants.

La littérature concernant les sites templiers de France est une véritable litanie studieusement reprise en chœur par tous les écrivains se voulant rationnels. On constate même que certains de ces auteurs récents 'tartinent' consciencieusement les éléments habituels sans s'être donné la peine élémentaire d’aller se rendre compte sur place de leurs constatations ! Chacun personnalise, selon son goût, une liste basique sans apporter plus rien de nouveau si ce n'est un substantiel revenu remplissant son escarcelle d’auteur. Ceci sous les acclamations enthousiastes d'un lectorat ne prenant pas souvent la peine élémentaire d’une vérification sur place de la fiabilité de ces 'écrivains' en grand costume d’apparat de ‘hussard noir de l’archéologie officiel’.

Pour ce faire, les sites 'remarquables' sont soigneusement catalogués et malheur à celui qui dérogerait à cette règle ! Certes, les lieux proposés méritent toute notre attention. Pour exemple, on nous montre souvent la remarquable chapelle de Cressac[4], le plus souvent comme plus que rare vestige notoire de l'art pictural templier ce qui, pour nous, malgré toute la beauté et l’importance de ce vestige archéologique, est une sentence quelque peu mince et légère!

Reconnaissons, en effet, qu'en nous montrant ce témoin du passé guerrier de l'ordre au travers de son imposante cavalerie Templière sortant d'une citadelle. Il n'y a dans ce cas notoire aucun danger d'interprétation douteuse ou ésotérique, cependant curieusement nos auteurs et historiens, bardés de fonctions ronflantes aux titres divers à rallonges, évitent soigneusement de s'aventurer à expliquer en détail, ou même montrer, l'intérieur pictural de l'église de Montsaunès. Comme c’est curieux, non ?

---

4 Charente.

Et pour cause !!! A notre connaissance, donc sous toutes réserves, nous sommes en présence d'une des très exceptionnelles églises de l'Ordre du Temple à avoir conservé quasiment la totalité de sa décoration, en fresques, d'origine en état d'être 'lue'. Remarquons, bien entendu, que d'autres lieux contiennent des vestiges de l'art Templier remarquables quoique de moindre superficie, richesse et abondance dans ces détails symboliques. Ces sites passent eux aussi dans un flou discret, prudent, puis peu à peu n'apparaissent même plus dans les nouveaux ouvrages. On est plus tranquille ainsi ! Concernant Montsaunès, ce privilège rare permet au visiteur attentif de faire un constat écrasant de logique : si les scènes sont, c'est évident, dans leur ensemble, tournées vers un symbolisme spirituel, elles le sont d'une façon extrêmement inhabituelle.

Monsieur Laurent Dailliez, pourtant grand pourfendeur d'ésotérisme templier devant l'éternel, contourne aussi prudemment que pudiquement ce site se cantonnant à un laconisme superficiel fort léger sur le sujet. Il est vrai qu'ici la tache lui aurait été particulièrement difficile à remplir s'il l'avait voulue impartiale en matière d'anti-ésotérisme templier!

D'autres auteurs, de la même eau, ignorent totalement le site. Pour eux, là au moins, pas de risque de commettre d'erreurs ! En échange, il faut aussi reconnaitre que trop souvent ce genre de mémoire est galvaudé et soumis à des élucubrations d'une loufoquerie phénoménale. Admettons bien qu'alors il vaut mieux se taire que de raconter des sottises.

Si l'on veut trouver une littérature conséquente, descriptive ou tangible sur de tels thèmes, il reste heureusement les thèses historiques de maitrises, de doctorats de tous ceux qui plus tard installés dans leurs confortables fonctions dénigreront vivement leur constats d'évidence.

Il reste alors les discrets très locaux organes de liaison de sociétés savantes régionales, dans lesquelles les érudits locaux font état modestement, sans prétention, de ce qu'ils jugent élémentaire de mémoriser pour un demain de plus en plus hypothétique !

Entrons à présent dans l'église.

En regardant la voûte de l'édifice, la vue ne peut tout retenir tant le décor est riche, varié, précis, surprenant. Sur fond blanc de voûte étoilée d'ocre rouge se dessinent des symboles chers à l'ordre: frises de motifs à damiers, séries de rouelles et rosaces à conjugaisons géométriques multiples, étranges fleurs de lys, représentations solaire et lunaire.

PREMIERE TRAVEE DE VOUTE

Dans la première travée, l'axe de voûte est orné d'une succession géométrique insolite.

Dans le sens d'entrée : une barre horizontale ferme le haut d'une sorte de voûte `appareillée' de 13 'pavés' blancs dont 3 incomplets, cet ensemble s'achève en 2 'pavés' noirs appuyant sur 2 colonnes composées l'une de 12 `pierres', l'autre de 9 `pierres'. Ces colonnes reposent sur 2 petites figures géométriques à 5 côtés contenant chacun une volute équilibrée. Dans ce passage s'inscrit une longue croix -entre croix pattée et de Malte- `fichée' sur une rouelle à 6 branches entourées de 9 triangles. Cette dernière figure, encadrée de 2 lances `hautes' se trouve, comme les colonnes, sur une volute `arabesque' à inversion régulière. Le tout se situe sur un triangle à la base duquel s'inscrit un svastika d'où partent 9 triangles montant à une ultime rouelle de 6 pétales séparant en 2, une couronne répartie en 10 compartiments d'un côté, 13 de l'autre. L'ensemble de cette lecture se fait dans le sens d'accès dans la nef, soit: le Temps -l'horizontale- couvrant ou `tuilant' la voûte aux 2 colonnes -accès- où un chrisme patté droit -et surtout pas une pendule de Salomon- s'épanouit, ou se protège. Ce dernier encadré des lances propres à l'ordre s'appuie sur l'énéade circulaire sans cesse renouvelée, issue d'une rosace blanche sur fond sombre, elle-même sur la pile de 9 triangles commençant sur un svastika -mouvement du monde- tournoyant du blanc au sombre de l'ocre rouge sang. Dualité du `Baucent', chiffres 9 allant du chiffre de l'exclusion -sortie- à celui de la fondation de l'ordre -entrée-

... le tout dans un symbolisme solaire girant, donc revivifiant et générateur ! Rien d'ésotérique dans cette représentation ??? Notons que cet ensemble ne saurait avoir un but décoratif car assez peu harmonieux dans son équilibre ou une hypothétique fonction cultuelle évidente à cet emplacement !

SECONDE TRAVEE DE VOUTE

La seconde travée peut sembler moins structurée que la précédente s'illustrant sur fond d'étoiles strictement ordonnées, alignées par des `cordeaux' soulignant la régulière, dans l'espace cette fois, mise en place des étoiles, toutes à 8 branches !

Cette seconde partie est inscrite sur un fond stellaire, `sans ordre' pourrions-nous dire. Cependant 3 colonnes en longueur, encadrent ce `chaos' apparent. Ces colonnes, en effet, s'illustrent de lignes d'étoiles au cordeau. A gauche un soleil irradiant, à droite une lune en petit quartier montant. Dans le désordre stellaire voûté s'alignent strictement 3 x 3 rouelles de diamètres identiques, et 3 autres finales à tracés différents. A gauche encore, 8 rouelles toutes différentes s'alignent en long pour terminer sur une succession `désorganisée' d'arcs de cercles, reliée à la rouelle de 8 rayons. A droite, pas de succession de rouelles. Une longue fleur de lys, une rosace de 6 et des étoiles. A l'extrémité, une étrange construction géométrique englobe 2 cercles dont il semble, par effet d'optique, qu'ils contiennent chacun une figure à 5 branches tournantes. En vérité, cette vision est formée de 7 branches seulement pour les 2 cercles.

Observons que le `chaos' étoilé de cette travée est constitué d'étoiles à 6 et 8 branches. A l'étude, le désordre apparaît parfaitement orchestré loin d'être le fruit d'une folie fiévreuse ou du plus pur anarchique hasard: une sorte *d'univers inconstruit* dans lequel s'articulent des figures géométriques justement créées.

Enfin, au bout de l'axe de la nef s'inscrit un grand triangle. Celui-ci est cloisonné intérieurement par 20 compartiments contenant tous des 'points' en progressions régulières : 18 d'une part, 17 de l'autre. Cet ensemble, sur cette seconde travée, donne un aspect d'incohérence folle comme pourrait l'être l'œuvre d'un peintre déséquilibré, toujours aussi peu décoratif, artistique ou religieux.

Observons que l'ensemble des décors de la voûte ne comporte rigoureusement aucun élément religieux sauf si on accepte une lecture symbolique ésotérique de l'ensemble. En ce cas cette vision découlera d'un seul schéma strictement réservé à l'usage unique de l'Ordre du Temple.

LA VERTICALITE

De cette `horizontale' cintrée sur le haut du volume de la nef, passons aux `verticales' que sont les murs.

Le manque de place, ici, nous impose de résumer rapidement le tympan vertical séparant la nef du chœur. Trois ouvertures hautes apportent la clarté au vaisseau de pierres. Dans les deux intervalles, des croix identiques a celle, au plafond, de la première travée. Sous l'horizontale des ouvertures, peu de décors à gauche sauf un visage rondelet auréolé ou chevelu. A droite, d'autres rouelles, rosaces, fleurs de lys ornent les cloisonnements. Nous retenons, toutefois, un empilage triangulaire de 7 traits -soit 6 espaces longilignes et 1 septième triangulaire à la base- se terminant à gauche par un pentacle droit, lui-même ayant à sa gauche, un empilage gigogne de 4 cercles.

A l'opposé, sur le mur tympan de l'entrée : A gauche du porche, en haut, 2 cloisonnements encadrent, en bas, une *Jérusalem Céleste* avec 4 fleurs de lys `plantées', avec au-dessus se trouve un chrisme encadré dans un `tailloir' de triangles sombres.

A la droite immédiate de cette géométrie, un rectangle subdivisé en 8 horizontaux et 5 verticaux, soit un nombre de 40 carrés tous tracés d'une diagonale. Dans ce rectangle carrelé on trouve, en bas à gauche, un carré de 3 comprend 9 cases tracées de 2 diagonales. On pourrait ici facilement admettre, dans ce rectangle de carrés, la déclinaison de la proportion idéale dite du 'carré doré', soit l'usage du célèbre nombre d'or. Certes oui, mais peu de chercheurs avanceront, pour ce détail pourtant majeur, la thèse de ce qu'on appelle plus symboliquement le 'carré long'.

Au-dessus de cette figure au trait, sans aplat coloré, un centaure semble chasser avec un arc et des flèches dont une engagée, et trois autres en attente. Devant lui, un chien le précède. Les deux poursuivent une sorte de cervidé peint de l'autre côté de la grande rosace de lumière. L'ensemble de cette scène `vivante' tranche avec la rigueur statique figée des décors tracés géométriquement jusqu'ici, exception faite, forcément, de la face `rondelette' côté chœur. Notons encore que hormis les 2 chrismes, rien n'évoque franchement un aspect religieux, traditionnel, habituel.

Plus bas, toujours sur le même mur d'entrée, Adam et Ève quasiment présentés en grandeur nature, sont près d'un arbre ou s'enroule le serpent.

Notons maintenant dans la 1ère arcade nord gauche, en entrant dans la nef, un gigantesque `damier' écrase les reins d'un dragon crachant du feu.

Au-dessous se lit une scène de la pesée des âmes présentant sans doute un personnage sur lequel nous reviendrons bien plus en détail. Détails, méritant toute l'attention qui, hélas échappent à plus d'un observateur à moins que nos scientifiques restent un peu perplexes face à cette illustration peu commune.

2ème travée nord : un enchevêtrement de figures géométriques laisse apparaître un Christ se reconnaissant aux 'trous' dans les mains et les pieds, en majesté, entouré d'anges et de doctes personnages. Au-dessous une évocation de l'Enfer. A ce niveau les scènes deviennent à vocation un plus religieuse.

Enfin, sur le bandeau de corniche, se déroule une série de niches peintes et garnies de grands personnages : des saints en l'occurrence, mais aussi des apôtres, des prophètes dont, chose très rare, le prophète Balaam, notamment très important pour les Cathares !

Maintenant observons un détail, sans doute des plus insolites, dans ces représentations picturales. En repartant du chœur vers la nef on distingue 4 fois 6 niches `à personnages', toujours pour le côté nord.

- Les 2 premières séries de 6 contiennent toutes une représentation biblique. La 3ème série, sur 6 niches il n'y en a qu'une d'occupée.

- La 4ème série est totalement vide de personnages à représentation humaine et religieuse. Mais, oui mais... ici, à la 4ème niche on trouve une étrange créature sombre, plus petite, semblant courir - opposition mobile aux personnages figés- tenant une sorte de lance dans la main droite. De plus, avant les restaurations de `remise en état' on distinguait nettement qu'il tournait son visage en arrière et regardait vers le chœur. On observait encore qu'il avait, `fiché' dans la tête, une sorte de coin triangulaire jaunâtre. Depuis les magistrales restaurations tous les détails sont d'un gris sombre uniforme. Ce petit personnage se situe juste sur le dragon écrasé et le `jugement des âmes'.

Nous n'avons fait là qu'un très bref résumé de ces peintures phénoménales de l'église templière de Montsaunès[5]. Mais

[5] Montsaunès, une église et une commanderie templières oubliées. 2012.

quel monument de cette origine, en France du moins, peut prétendre détenir une pareille richesse témoignant de ce que fut l'ésotérisme templier ? Ces représentations peuvent-elles être prétendues `simples fantaisies décoratrices' ? Sont-elles vraiment en conformité avec l'imagerie religieuse calibrée à cette époque par l'Église ? Peut-on encore affirmer, sans se couvrir de ridicule, qu'il s'agirait là d'une simple fantaisie d'artiste ivrogne, oisif, fou, hasardeux ou malhabile ? Les commanditaires Templiers auraient-ils supporté des incohérences de cette envergure s'ils n'en avaient été les seuls demandeurs ? Quels historiens, quels archéologues pourraient, en toute bonne foi, soutenir qu'il n'y a là aucune volonté de produire une extériorisation d'un symbolisme pour le moins particulier, sinon ésotérique ?

Volontairement, mais aussi par marque de place, nous n'apporterons pas notre interprétation à propos de ces 'détails' afin de ne pas influencer le lecteur, lui laissant ainsi librement apprécier ces réalités, d'un autre temps peut-être, mais encore analysables aujourd'hui.

Nous pourrions en rester à ce stade déjà suffisant. Pourtant nous irons encore un peu plus loin. On observe que l'église de Montsaunès détenait ce qu'il y a lieu d'appeler une 'Porte des Morts', ainsi que d'autres détails sculpturaux extérieurs, et intérieurs, bien spécifiques à une vision `religieuse', `philosophique', `spirituelle' hors du commun, propre à l'Ordre du Temple. Nous y reviendrons certainement plus tard car actuellement le répertoire des détails est pratiquement achevé. La commanderie de Montsaunès était une partie seulement d'un ensemble local bien plus important, aspect échappant trop souvent aux chercheurs et visiteurs, sur lesquels il sera intéressant de revenir un peu plus tard.

PUITS ET PIERRES DÉTRUITES

Un autre fait pour le moins surprenant doit être mis en lumière. Lors du dégagement du puits extérieur, près de l'église, fut faite une découverte insolite toujours tenue sous silence a ce jour par les `officiels'. Il s'agit de 2 blocs de pierre, de formes géométriques, soigneusement finies et s'emboitant parfaitement l'une sur l'autre de manière à former un ensemble précis. Si elles furent retrouvées au fond du puits en parfait état c'est qu'elles y avaient été déposées et non précipitées, c'est des plus évident.

D'autres objets se trouvaient avec ces deux pierres. Ces deux appareillages, pas plus que le reste, ne seront jamais répertoriés, catalogués ni sauvegardés. Aucun écrit n'en fera jamais mention. Pourtant l'une des pierres comportait une représentation partielle, mais précise, d'un détail peint de l'église. L'une des deux fut immédiatement brisée, puis les morceaux incorporés dans des remplissages de maçonnerie. Pourquoi ce comportement hâtif, incohérent, irresponsable, pourquoi tenter d'occulter ces découvertes ? Étaient-elles si gênantes pour passer à l'oubli sans autre forme de procès ? Questions sans réponse à ce jour. Mais que l'on se rassure aussitôt, car nous en possédons une série de photographies bien distinctes que nous ne manquerons pas de produire prochainement dans un article entièrement consacré à cette découverte semblant assez gênante pour les officiels.

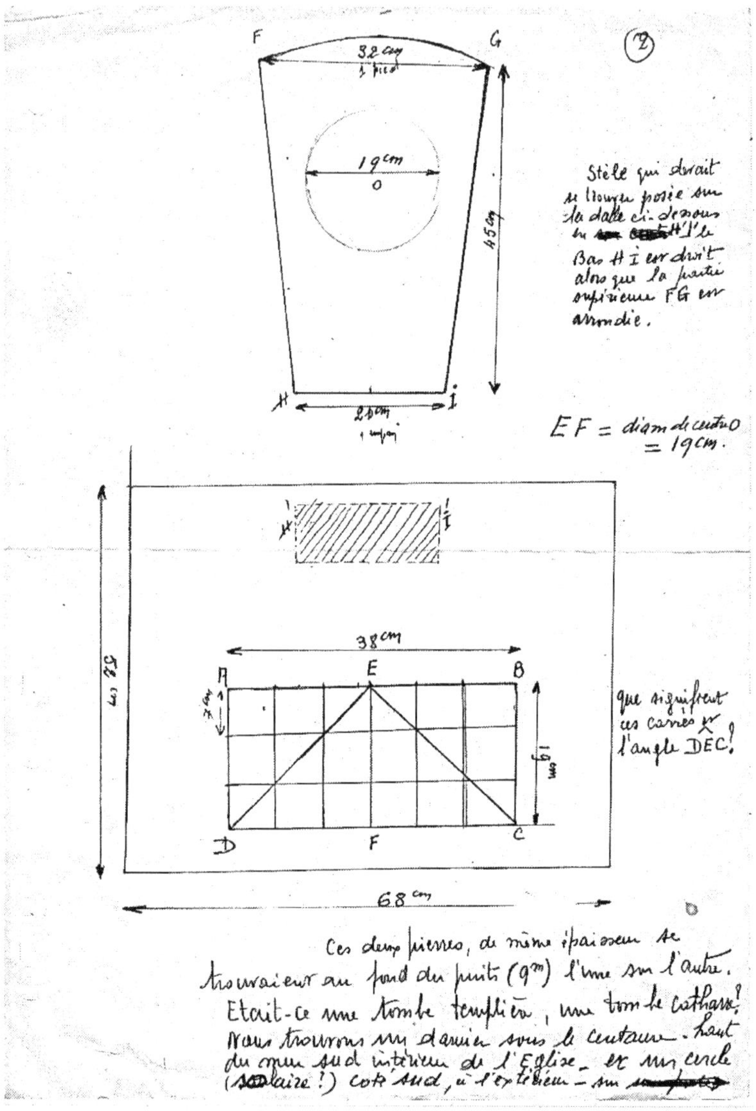

Qui nous parlera encore de cette 'corne de Licorne', illustrée dans les peintures de l'église, semblant reprendre la légende de Bertrand de GOT, et sinon pourquoi l'avoir peinte justement ici ?

On peut encore se demander quelle pouvait être la véritable mission des 3 chevaliers Templiers de Montsaunès choisis par l'un des principaux responsables de la chute même de l'Ordre du Temple ? Pourquoi ce flou dans l'histoire de l'implantation de l'Ordre en ce lieu.

Pourquoi ne jamais préciser qu'à l'origine, sur ces lieux, une très ancienne chapelle avec crypte se situait à cet emplacement sous le vocable de Saint Andrew et non Saint André ? Il est étonnant, bien qu'ayant été sans doute le premier édifice religieux du lieu, qu'il ne soit jamais cité par les historiens ou chercheurs scientifiques en la matière. Certes ce nom sent fortement l'Écosse, et son patron, ou un autre passé oublié dont la commanderie devait, pourquoi pas, conserver des éléments, ou un souvenir certain, mais très discret. Tellement discret que peut-être les autorités cherchent à les soustraire ou passer aux oubliettes de l'Histoire sans autre forme de procès.

De plus, on constate que les combles de l'église étaient en vérité un ultime retranchement avec meurtrières et autres vestiges de systèmes défensifs redoutables faisant de l'édifice un véritable donjon capable de résister sérieusement en ce lieu, alors que d'autres défenses existaient par ailleurs ?

Nous savons, depuis peu, que plusieurs découvertes viennent d'avoir lieu dans ce secteur, pouvant bien modifier plusieurs aspects historiques du site et de nos connaissances sur le passé de l'Ordre du Temple, mais comme ferait dire Rudyard Kipling à son petit lion *ceci est une autre histoire*, à moins qu'il ne s'agisse d'une autre Histoire dans l'historicité ?

N.B. Nous reprendrons plus en détails au fil des prochaines parutions les points essentiels seulement annoncés dans ce présent travail : peintures, sculptures, grand porche roman, ouvertures latérales, porte des morts, pierres oubliées, 'alicorne', sous-sols de Montsaunès, 'l'ours', la 'chouette à la lance' et liens avec d'autres ordres `contemplatifs' religieux, etc.

'l'Alicorne', papes et clefs d'Avignon
...où le possible savoir secret du temple ?

Où il est question du Comminges

L'intérêt démesuré de celui qui deviendra le pape Clément V pour la région du Comminges n'est plus à démontrer. Cependant il est extrêmement difficile d'expliquer, d'éclairer, le mécanisme profond de cette véritable obsession en termes historiques logiques. Le personnage a en effet de telles ambitions politico-religieuses que son choix, relativement modeste par rapport à son avidité de puissance et gloire, engendre la perplexité, voire l'incompréhension.

Arrêtons-nous donc un instant sur cet épisode afin de tenter d'en comprendre les raisons:

Cette région, surtout Saint Bertrand du Comminges, comporte effectivement quelques détails historiques à souligner pour ne pas dire plus, comme nous le verrons plus tard.

Ce sont les Volsques Tectosages, fondateurs de TOULOUSE, qui nomment ce lieu Lugdunum ! Certains historiens y voient la forme littéraire de *forteresse du soleil levant,* quand pour d'autres il signifierait *le clair mont.*

Il semble que dans les restes de la ville basse les vestiges appelés *Salles Rouges* ou *Maisons Rouges* soient dignes d'intérêt. Ce quadrilatère de 180 sur 155 m serait ni plus ni moins les restes d'un lieu sacré axé sur la divination, et un culte en rapport avec l'observation des phénomènes célestes, des astres majeurs notamment.

Le lieu, d'une richesse éblouissante, se composait de multiples trésors archéologiques inestimables. Il fut peu à peu pillé, saccagé au fil des besoins locaux architecturaux par des démolitions anarchiques. C'est ainsi que l'un des sarcophages en marbre gravé de symboles très curieux pour l'époque, taillé par un sculpteur des ateliers impériaux servira de saloir au château de Barbazan. Un site majeur sur lequel nous ne pourrons que revenir, avec bénéfice, ultérieurement sur ce dernier lieu méritant à lui seul tout un article, étrangement peu d'écrivains s'étant penchés sur lui.

L'ALICORNE

Le nom de S*t Bertrand* est la mémoire vive laissée au 11ème siècle par le thaumaturge de grande humanité, Bertrand de L'Isle Jourdain. Il est à l'origine de multiples miracles dont un des moindres fut le sauvetage de Sanche de Labarthe que le saint, déjà décédé, libère des geôles sarrasines par enlèvement 'aérien' nocturne et retour en ses foyers. Dans un autre ordre d'idée ceci nous rapproche, peut-être, considérablement d'un insolite bestiaire fabuleux formé de vestiges marins, comme cet os de 'baleine' exposé à Saint Pierre de Toulouse et depuis 1790, conservé au Muséum d'Histoire Naturelle. Ne nous dit-on pas, toujours sur ce registre, qu'une 'côte de cétacé' reste à jamais enchâssée dans le porche de l'église de Prats de Mollo ? Que penser encore de Saint Bertrand débarrassant le Comminges, par effets de son étole et de son bâton, d'un dragon désastreux, prenant l'aspect perfide d'un enfant pour émouvoir, puis ensuite dévorer les passants attardés ? Arrivons maintenant à ce qui nous intéresse ici : il s'agit d'un objet, peu banal, auquel Bertrand de Got voue une véritable fascination puis lègue, sous les conditions déjà vues dans l'histoire de la commanderie de Montsaunès, au trésor de St Bertrand de Comminges : La Corne de Licorne nommée l'Alicorne. En vérité, il est question, en termes scientifiques, d'une dent de Narval[6] d'une longueur respectable de cinq pieds, nous dit la tradition, soit environ 1,60 m.

Un objet magique, insolite, merveilleux, éveillant l'imagination, et même les convoitises royales ! Mais le chapitre de la cathédrale ayant conservé jalousement cette relique jusqu'à nos jours, bien des c*urieux de nature* se penchèrent, avec admiration, sur l'extraordinaire Alicorne.

CLÉMENT V ET LE CHOIX D'AVIGNON

Avant d'en arriver à cette dramatique affaire du Temple, revenons sur quelques facettes moins connues de la vie du Pape Clément V.

Quelles sont les vraies raisons ayant conduit Clément V à choisir Avignon en tant que cité papale ? En effet, cet acte est une véritable révolution dans l'histoire de l'Église laquelle depuis ses origines a toujours choisi Saint Pierre de Rome pour siège suprême de la religion.

Les historiens nous présentent péniblement des raisons logiques, laconiques, officielles estompant laborieusement d'autres contours, ne résistant guère à une approche plus

---

[6] monodon monocéros

serrée sur laquelle, au demeurant, aucun scientifique ne s'essaie aux arguments.

Il est évident que les troubles s'accumulent à Rome entre les familles Colonna et Gaetani. Puis ce sont des émeutes, de véritables batailles rangées éclatant sporadiquement, créant une insécurité certaine pour le Pape. Mais l'Histoire est faite de tant d'événements de cet ordre, que les hommes de l'époque semblent rodés à ces soulèvements. Il semble aussi que les prédécesseurs de Clément V ne se soient pas alarmés plus qu'il ne fallait de situations similaires, en choisissant, par exemple, pour siège pontifical provisoire une autre ville étrangère aux états italiens environnants.

Yves Renouard, spécialiste de la question, avance que : *Clément V a décidé, sans le prévoir, le moins du monde, du séjour de la Papauté dans la vallée du Rhône.* Sans l'écarter totalement, nous sommes loin de nous contenter de cette sommaire vision sentencieuse en forme d'arbre destiné à dissimuler une bien étrange forêt.

En effet, voici qu'après plusieurs années d'instabilité et hésitations, le Pape choisit résolument, brusquement, de se fixer en Avignon sans autre forme de procès.

Pourquoi ce choix pour un diocèse très moyen en tout, voire plutôt modeste, sans faste ? Notons aussi que la ville, même pas intégrée aux états de l'Église, se trouve sous l'autorité du Comte de Provence, Roi de Naples.

Il est aussi souvent proposé, comme explication historique, que le pontife veut fermement assister et participer au règlement, puis au déroulement des conflits opposant a cette époque Français et Anglais concernant l'Aquitaine. Sur un plan pratique politique, les tensions opposant les rois antagonistes empêchent la réalisation d'une nouvelle croisade en Orient. Officiellement pour ces raisons, le Pape affiche devoir rester proche de l'objet des conflits et tenter de lui donner une conclusion favorable aux affaires de l'Église. Arguments logiques oui, mais non pratiques car les interventions importantes, avec Philippe le Bel, sur ce sujet, eurent lieu à Poitiers, ville quand même fort éloignée d'Avignon ! Observons encore que le rôle hypothétique de Clément V dans cette affaire pouvait fort bien être assumé depuis Rome sans souci véritable de la distance.

D'autres détails plus précis, à présent, sont à considérer avec attention :

Le choix de cette résidence se décide de manière curieuse au moment où le concile de Vienne, crucial et définitif pour les Templiers, se prépare activement. Serait-ce là le fait 'de cause à effet' ? pourquoi pas.

L'HYPOTHÈSE DE MICHELET

Ne perdons surtout jamais de vue l'hypothèse de Michelet, que très peu d'écrivains semblent vouloir soutenir : Il s'agit de la position choisie, en grand secret, par Clément V, concernant la succession au titre d'Empereur du Saint-Empire Romain-Germanique, de Charles de Valois, frère du roi félon en place, Philippe le Bel ! Nous soulignons ici, car il serait trop long de développer ce thème, uniquement le titre concerné que nous retrouverons comme leitmotiv dans les buts avoués de la tristement célèbre division SS 'Charlemagne' ! Ainsi pour la première fois, dans son histoire, la résidence pontificale est transférée hors d'Italie, en France. Observons encore une fois l'imminence de l'arrestation des Templiers, de tout ce qui en découlera irrémédiablement pour l'Occident et l'Orient. Neuf pontifes succédant à Clément V occuperont le Palais d'Avignon, neuf, comme le chiffre de l'accomplissement et bizarrement des hommes fondateurs du Temple. Cet état de fait sera maintenu malgré nombre d'interventions parfois 'musclées' de cardinaux romains.

AVIGNON, POURQUOI ?

Le passé de cette ville détient sans doute en partie la réponse à cette question.

Entre vérité et superstition, légende et histoire, réalité et tradition obscure, comment trancher, tant ces éléments se chevauchent en s'articulant de bien curieuses manières. Quoi qu'il en soit, tous les faits à l'origine de *la ville du vent violent* restent invariablement ancrés dans les profondeurs du temps avec lequel ils se confondent en d'étranges métamorphoses composant un héritage d'une extrême complexité. Nous retiendrons quelques-uns des détails du 'testament ésotérique' de cette ville merveilleuse:

- Sainte Marthe en serait la fondatrice sans que les raisons mythologiques et religieuses soient clairement définies dans le folklore de la ville.

- Comment expliquer, aussi, que les `esprits' de *Saphir* et *Ananias* hantent, une fois l'an, caves et sous-sols de la vieille ville.., alors qu'ils sont habituellement contraints à n'errer que dans les seuls caveaux profonds de Jérusalem ?

- Le premier évêque de cette ville est-il vraiment Simon le Cyrénéen ? Le saurons-nous vraiment quand nous connaîtrons enfin l'origine de `Notre-Dame-des-Doms' dont personne ne connaît indiscutablement l'authentique étymologie ?

- Les Doms encore, avec le rocher du même nom, au sommet duquel trônait un temple d'Hercule et Diane. Une autre `Dame' finalement supplante ces divinités antiques sur cette roche. Elle a, alors, pour nom `Notre-Dame-la-Brune'. C'est une vierge noire que l'on raconte être sortie miraculeusement d'un labyrinthe dont l'issue débouche dans les sous-sols de la vieille citadelle des Papes. La statue vénérable finit tristement dans le feu dévastateur et crétin des convulsions de la Révolution.

- Sept confréries de pénitents régnaient sur la toile d'Avignon telles une palette aux teintes insolites et mystérieuses: Gris, Noirs, Blancs, Noirs de la Miséricorde, Bleus, Rouges, Violets.

- Quelques personnages choisirent les murs d'Avignon pour asile :

* Athanasius Kircher, illustre érudit jésuite, s'enferma de 1633 à 1635 dans l'ancien Collège des Jésuites pour transformer la Tour de la Motte en un livre de pierre où étrangement, il transcrit ses études astronomiques intitulées de manière curieuse 'Projections Uranographiques' aujourd'hui effacées, au grand soulagement de bien des mandarins historiens et autres pontifes divers ne pouvant les interpréter de manière claire

et accessibles.

* Dom Pernety, Bénédictin déchu, y rencontre la mort en 1796 après y avoir instauré le célèbre mouvement de *la Secte des Illuminés d'Avignon.* Pernety, pour constituer son fabuleux mouvement, puise les membres, fondateurs pionniers, auprès des plus influentes loges maçonniques locales semblant, au demeurant, n'attendre que ce 'pontage'.

* Gérard de Nerval y trouve un havre de sécurité contre les assauts de la papauté en 1765, avant de fuir à Berlin pour y trouver refuge près de Frédéric II.

La tradition Avignonnaise, d'ailleurs, prétend que l'ensemble des travaux de Gérard de Nerval est toujours enseveli dans une cache connue des seuls Chartreux, sous la colline du Mont Thabor.

DE QUELQUES PAPES AUX CLÉS D'AVIGNON

Revenons maintenant à nos papes, brièvement essayons de cerner quelques aspects de ces pontifes Avignonnais dans une histoire où ils ne s'insèrent pas toujours paisiblement de façon rationnelle.

Ils sont sept ayant été élus régulièrement, tous français du sud de la France: Clément V, Jean XXII, Benoît XII, Clément VI, Innocent IV, Urbain V et enfin Grégoire XI. Encore français, le huitième Clément VII sera élu au commencement du Grand Schisme d'Occident. Enfin, le neuvième et dernier, Benoît XIII, est espagnol.

Inutile de revenir longuement sur Clément V qui inaugure

cette insolite galerie ecclésiastique.

Retenons seulement qu'il se montrera sous des 'facettes' dont les contradictions, les ambivalences, seront remarquables, ceci du jour de sa nomination, le 5 juin 1305, jusqu'à sa mort en 1314. Nous reviendrons une autre fois plus en détail sur la 'mission' de cet homme, somme toute, hors du commun. Il est pourtant utile de préciser le lieu de sa mort, le 20 avril 1314, a Roquemaure, loin d'Avignon.

Son successeur fut Jean XXII[7]. Si son prénom Jacques est certain, l'orthographe de son nom nous laisse devant un choix abondant: D'Osa, Dossa, d'Usia, d'Huaze, Duaze. Les deux derniers seraient étroitement liés à des familles extrêmement sympathisantes de l'Ordre du Temple dans la région du Comminges mais aussi en liaison avec d'autres lieux d'implantation de maisons Templières de la région de Cahors. Maitre en droit, médecine, théologie, ce pape aurait été assidu aux travaux de Villeneuve et Lulle. Il aura le même médecin que son prédécesseur qu'il continue de protéger contre les inexplicables assauts Dominicains.

Il n'aura de cesse de quitter le puissant évêché de Fréjus pour celui autrement plus modeste d'Avignon.

Jean d'Osa choisit le 7 août 1316 pour date de son élévation au siège de St Pierre sous le titre de Jean XXII. Faut-il retrouver dans ce nombre, mais avec d'infinies précautions, une similitude avec les 22 lettres hébraïques, les lames du Tarot ou encore le nombre des Maitres du Temple ? On le dit alchimiste, auteur d'ouvrages plutôt inhabituels sous la

---

7 1316-1334

plume d'un Pape: *L'art des Philosophes, L'Art Transmutatoire.*

Mais il y a plus fort encore : il affirme en s'appuyant sur de nombreuses thèses et textes que l'Enfer n'existe pas! Cette vision très 'personnelle' sera vite, dès sa mort, condamnée, vertement censurée par l'Université de Paris.

TRÉSOR JUIF ET CLÉS D'ACCÈS

- Jacques Fournier est le pape suivant, sous le nom de Benoît XII[8]. Il est issu du plein pays cathare. Il reprend, à son compte, une grande partie des thèses du pontife précédent. S'il laisse peu de traces dans l'histoire religieuse, il nous faut cependant souligner un récit légendaire dont il est l'acteur, illustrant peut-être une grande partie de la raison du choix du siège pontifical en Avignon :

Alors qu'il est enfant, Jacques Fournier rencontre un énigmatique personnage juif auquel il sauve la vie ou lui rend un service notoire et dérisoire à la fois. Selon les légendes il s'agit d'une vieille femme ou d'un vieil homme, quoiqu'il en soit du nom de Moudaca.

En échange du service, le personnage lui donne, ou fait

[8] 1334-1342.

prendre en un lieu que lui seul connait, deux clefs, une d'or, l'autre d'argent, puis lui promet l'élévation, plus tard, à la plus haute dignité sacerdotale. Dès l'accession à ce titre il doit creuser et chercher dans le sous-sol de l'ancienne demeure juive de l'étrange personnage, pour à l'issue de ses recherches, il trouver le *trésor des anciens juifs.*

Sous son aspect symbolique, la rencontre avec le très vieux personnage nous oriente vers le vieillard, l'être d'hier, le Sage, celui qui Sait ! Il est donc nécessaire qu'au crépuscule de son temps de vie, le 'passé' s'adresse à celui, choisi, qui suit, mais ne sait pas encore. Notons ici la finesse nuancée sur une seule lettre, le 'é' qui nous donne le `passé': le temps qui vient de passer, et le 'passé': celui qui, en initiation, vient d'entrer ou accéder au grade supérieur.

Quant aux clefs, les posséder c'est être initié. Si elles symbolisent le système d'ouverture et d'accès, elles sont aussi la transmission d'une connaissance, de la méthode de résolution d'un mystère à résoudre, bref, une révélation. Elles sont encore ouverture et fermeture, symbolisant, pour l'Église, St Pierre. Ouvrir et fermer signifient aussi lier et délier, soit le célèbre 'dissoudre et coaguler' si cher aux alchimistes.

L'emblème papal dans ses armoiries, s'orne d'ailleurs de deux clefs, l'une d'argent, l'autre d'or. Ces dernières pourraient correspondre au symbole ancien du Janus Romain, à l'accès final aux paradis 'céleste et terrestre' donc aux petits et grands mystères, puis logiquement à la compréhension des `moments' solsticiaux des montées et descentes de l'année du type démarche solaire de l'Ours.

N'oublions pas, non plus, que Moudaca entretient Fournier d'un 'trésor des Juifs'. Or, en hébreu, ce mot: `*trésor'* signifie aussi '*bibliothèque' ou 'musée',* selon la correspondance des mots usuels d'aujourd'hui.

Pourrait-on supposer, alors, que la volonté d'un pape '*à la licorne'* -obsédé d'ailleurs par l'aspect 'cornu', prolongé par la possession du couteau magique en '*corne de serpent'* que se transmettront pieusement les 3 papes suivants- soit en vérité la concrétisation d'un acte réfléchi, volontaire, incontournable, utile au salut de l'Humanité ?

Des découvertes `avignonnaises' auraient ainsi permis au premier pape en France de poursuivre dans cette ville le déroulement d'une information fabuleuse dont il trouve les premiers éléments dans le pays du Comminges. Là il avait appris que l'Ordre du Temple était bien à propos de ce qu'il commençait à convoiter fortement et fatalement. Il se dirige d'abord vers Bordeaux -on peut se demander ce qu'il y recherchait- avant de choisir ensuite pour demeure papale la cite Avignonnaise ou il sait peut-être maintenant qu'il va pouvoir rencontrer son destin. Cette démarche, dès lors, devient son but primordial, même au prix de la destruction d'un ordre prestigieux. La suite historique, nous la connaissons dans sa forme.

Mais, forcément, Clément V doit laisser quelques bribes d'informations sans doute survolées par ses successeurs. D'ailleurs nous savons que les 8 papes 'avignonnais' suivants en savaient plus, sur une connaissance occulte et trésoraire, qu'ils ne le laissent paraitre. Sinon comment expliquer les dépenses incroyables de Benoît XII qui durant 7 ans, sans relâche, fera construire, agrandir, fortifier et embellir le palais des Papes. La trésorerie courante n'y aurait jamais résisté ou suffi.

Certes il nous reste la légende de la vieille juive. Mais si l'aspect symbolique, hermétique, entre dans une vision des faits, le matériel, lui, a-t-il logiquement une place rationnelle ici ?

RETOUR À LA GALERIE DES PAPES

- Arrive ensuite le pape Clément VI[9] autrement dit Pierre-Roger de Beaufort.

Pour quelle raison ce dernier se méfiait-il de tous et de tout? Que craignait-il donc ? Une tradition ne dit-elle pas -selon le document Rubant- que les 'successeurs' des 3 chevaliers, oubliés à la garde de l'Alicorne, seraient venus se rappeler au bon souvenir du 'successeur' de celui qui avait enclenché le 'contrat'? Ou, pourquoi pas, ne venaient ils pas chercher ce qu'ils étaient en droit de réclamer ou vérifier, soit un certain nombre d'éléments en place?

La tradition raconte que ce pape fit creuser, ou rouvrir, un souterrain d'une telle longueur qu'il lui permettait de franchir 9 km. Là encore, il sera question de 2 clefs : une pour lui, une autre pour Pons de Châteaurenard, soit une pour chaque extrémité, dit la légende. Mais à quoi correspond vraiment ce souterrain irréalisable et le terme *'extrémité'* à ce propos ? Car 9 km de galerie est un ouvrage quasiment incroyable et des plus difficultueux à réaliser pour l'époque.

---

9 1342-1352.

Ensuite, ce chiffre 9 semble bien illustrer autre chose qu'une distance, qu'elle soit sur ou sous le terrain ! Enfin, tenir les clés des deux extrémités signifierait aussi que l'on tient la totalité de l'énigme et sa maitrise parfaite et complète.

- Quant au pape suivant, Innocent VI, il n'est pratiquement pas cité dans les écrits avignonnais concernant les papes. Il pourrait passer sans bruit dans cette petite galerie pontificale tant il est vrai qu'on ne peut retenir de lui que ses origines familiales et régionales. Il s'appelle Étienne Aubert, natif de Beynac en Corrèze. Les membres de la famille Aubert sont très attentifs et généreux envers l'ordre cartusien en général, et tout particulièrement pour ceux de la chartreuse du Glandier et de Villeneuve. C'est, d'ailleurs, à partir de ce pape que sera 'attaché' régulièrement au service du pontife un conseiller chartreux. Cependant il est à noter que ces derniers 'équilibreront' intelligemment cette charge en ayant soin de `détacher' un autre chartreux à la cour vacante de Rome. On ne sait jamais !

- Urbain V pape "Avignonnais" de 1362 à 1370.

Il est natif du château de Grisac. Lui aussi devait passer inaperçu dans notre petite 'galerie' avignonnaise. Nous avons pourtant retrouvé un ou deux détails intéressants le concernant :

Il essaie, en 1363, mais sans le moindre succès, de relancer une croisade. Notons aussi qu'avant d'être pape, il assure avec renom la charge d'abbé de l'abbaye St Victor de Marseille, précisément où il s'illustre par la reprise de quelques recherches 'reliquaires' sur, et sous le site de la

Sainte Baume. Curieusement il intervient aussi de tout son poids pour que soit admis, à titre posthume, dans la chapelle Sainte Madeleine de la Chartreuse de Durbon un certain Hugues de Rivière en 1361. Retour à la case chartreuse de Sainte Croix-en-Jarez ?

- Benoît XIII est le dernier pape d'Avignon[10]. Il est d'origine noble issu de la famille Royale d'Aragon. Son nom, Pedro de Luna, est déjà à lui seul une énigme remarquable : Pierre de Lune ! Il laisse en Avignon le souvenir de nombreux catalogues d'une bibliothèque extraordinairement riche pour son époque, constituée pour lui seul, en raison d'une passion aussi trouble que démesurée pour les anciens écrits hermétiques. Pedro refuse formellement d'abdiquer au bénéfice du Pape enfin réinstauré à Rome. Lors de ce schisme et des émeutes en découlant, il ne doit son salut qu'à l'usage du fameux souterrain dégagé par Clément XI et à la fidélité d'un Périllos ayant fait serment de le reconduire sain et sauf en ses terres d'Espagne. La tradition ajoute encore qu'il eut le temps, avant de décamper, de cacher un important trésor composé des représentations statuaires en or massif des apôtres. Quelles sont ces statues d'apôtres en or, dont personne depuis n'eut jamais connaissance, à moins qu'il ne s'agisse de 'statut', sait-on jamais comment lire ou 'entendre' les mots ? Il semblerait par ailleurs que cette quantité d'or serait partie intégrante d'un autre fabuleux trésor, celui des Chartreux d'Avignon !

---

10 1394-1422.

POURQUOI ?

Quelle fut la véritable raison de cette cassure dans l'histoire de l'Église ? Que pouvait représenter, ou contenir, la ville d'Avignon pour motiver et imposer une telle manœuvre, devant rester comme une grande première, et dernière, dans les annales religieuses catholiques?

On devine au travers de certains événements religieux, ou civils au demeurant, que quelques papes tentèrent de prendre fermement de la distance par rapport à une certaine tradition construite sur les bases 'occultées' d'une sorte d'ordre en forme 'd'institution'. Retenons, dans cette affaire, que cette séparation, et prise de position, se produisent au moment où le Temple est impitoyablement sabordé. Dans ce contexte, pourquoi ne pas admettre que certains papes, strictement triés ou désignés, auraient voulu d'eux-mêmes, ou sur ordre, saisir le 'relais' afin de maintenir de manière 'discrète' la fantastique mission des Chevaliers du Temple ? Mission demandant, par exemple, de tenter, de reprendre le contrôle des enseignements d'un certain Jésus, nazaréen de son état, que quelques 'Esséniens' auraient pu sauver de son supplice et soigneusement préserver de la vindicte. Si l'on admet arbitrairement ce cas de figure, quel pouvait-être, dans cette affaire, le rôle et la mission de cette *ville du vent violent* sinon de tenir dans ce fait un rôle majeur?

LES CONSTATS... LE RETOUR DE POLYCARPE

Au moment de conclure provisoirement ce travail nous pouvons résumer un certain nombre d'éléments notoires:

* La part, dans cette affaire, d'un insolite bestiaire de l'imaginaire: Alicorne, serpent a corne, bête pharamine et dragons divers... dont découle forcément l'intervention de quelques Papes, saintes et saints: St Bertrand du Comminges, Bertrand de Got, Clément V et autres papes avignonnais suivants, mais aussi Sainte Marthe, Saint Ruf ou Saint Ursus pour ne nommer que ceux-ci de manière non exhaustive.

* La part des Juifs, avec leur prétendu trésor, dans cette affaire où ils apparaissent maitres des clefs et richesses trésoraires insolites à double sens hermétique: 'liquidité' sous forme d'une fortune, et 'savoir' sous forme d'écrits secrets de première importance, peut-être et pourquoi pas lié à un secret concernant Jésus.

PORTAIL DE LA CHARTREUSE DE VILLENEUVE

* La part de l'Ordre du Temple qui parait littéralement 'obséder' celui qui est à la base de toute cette énigme : Clément V. Le temple était-il vraiment à propos d'un secret si redoutable pour les puissances temporelle et spirituelle du moment ?

* La part du Comminges et de ses Templiers, surtout en ce qui concerne les chevaliers de Montsaunès.

* Nous soulignons une 'concentration' Chartreuse

exceptionnelle dans la mouvance papale d'Avignon. Si ce n'est le fruit du hasard, quelle est la part véritable des cartusiens et, surtout, jusqu'où les moines chartreux pouvaient-ils être impliqués dans cette affaire?

* Nous retrouvons, bien entendu par le plus pur des hasards, le nom d'une famille que nous connaissons déjà et qui coulent de source ici: les 'de Rivière' ou "de la Rivière'. Il faut ici revenir sur trois points nous semblant dignes d'intérêt :

* Polycarpe de la Rivière, prieur de la chartreuse de Sainte Croix-en-Jarez, soulève le fameux problème de l'étrange 'tombeau de Casaris' qu'il situe formellement dans le massif du PILAT. Cette affirmation fondée sur d'importants aspects historico-archéologiques surgit dans le milieu bien clos des officiels -hélas et triste pour eux- comme un véritable, autant qu'humiliant, défi lance aux historiens, religieux et archéologues voulant à tout prix le situer en Avignon.

* Polycarpe prétend, preuves à l'appui, avoir eu accès à un véritable *thresor inepuisable* toujours dans le périmètre d'une chartreuse. Il s'avère qu'il s'agit de documents d'une richesse historique extraordinaire dont le Vatican, l'Église, ainsi que ses supérieurs Chartreux s'acharneront à vouloir s'accaparer sans état d'âme même, au prix de la liberté et de la vie de ce prieur !

Polycarpe s'apprêtait, lorsque les plus hautes instances religieuses le censurent avec interdiction d'éditer, à publier une sorte d'Histoire de la religion et de la région d'Avignon. Polycarpe n'eut que le temps de disparaître avec ses précieux documents. Tous ses écrits, dès lors, furent radicalement censurés ou interdits d'édition, mais tout autant vivement recherchés.

Polycarpe de la Rivière, prieur Chartreux d'un très haut niveau culturel doublé d'une grande intelligence, est alors considéré comme un hérétique renégat. Il ne doit son salut qu'à un ou deux amis érudits fiables de la région de Balaruc les Bains. L'anathème lancé contre cet homme se poursuivra bien étrangement durant plusieurs siècles et encore aujourd'hui. Ainsi il est encore avec un acharnement incroyable, tourné en dérision, puis traîné dans des accusations sordides d'un ridicule ubuesque, et ce jusque par des historiens du 19ème siècle ! Personne ne s'étant surtout avancé à vérifier les dires, arguments et surtout documents le concernant, du moins jusqu'à la parution des éléments de MaryAnge Tibot[11] qui remettent plusieurs fois 'l'église au milieu du village'.

Simplement, il semble curieux que ses découvertes concernant de nombreux aspects des débuts de la religion Catholique, la source des premières familles royales à l'origine des premiers territoires de France, les régions avignonnaises ainsi que diverses autres révélations 'très chaudes', soient passées sous silence total avec interdiction d'éditer ! Le secret des papes d'Avignon justifiait-il de telles mesures extrêmes et si oui, pourquoi ?

Quoiqu'il en soit, devant le monument représenté par l'étendue de l'ensemble des recherches de Polycarpe, il est difficile d'imaginer qu'il ait travaillé seul sur autant

---

[11] La Société Angélique et ses sœurs jumelles au cours des siècles tome 2. A paraître courant 2014.

d'aspects. Avec qui pouvait-il accomplir une somme de travaux de cette envergure? Le saurons-nous jamais ?

Peut-être, avant de conclure, pouvons-nous diriger nos regards interrogateurs en direction d'un lieu d'Avignon où se concentrent curieusement quelques personnages et mouvements 'discrets' déjà entrevus au paragraphe 'Avignon' :

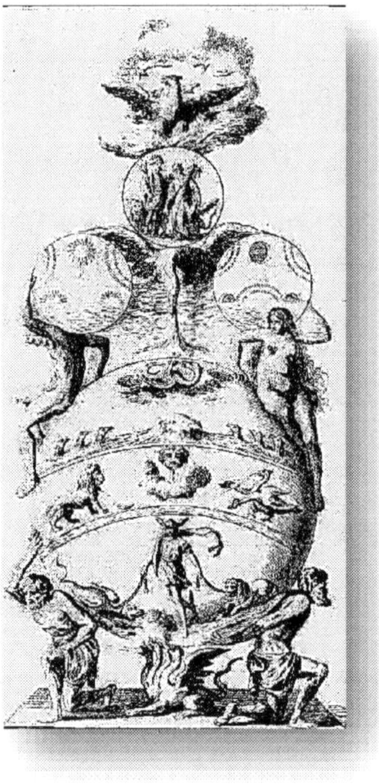

- Un certain Pernety, élève appliqué des Bénédictins, y poursuivra d'importants travaux sur l'hermétisme.

- Les illuminés d'Avignon y conduiront les recherches de leur maître avec succès.

- La *'Fraternité Blanche'*, ultime bastion du mouvement précédent, finira mystérieusement en disparaissant à Maleval, dans le massif du Pilat, au pays des Loups et de Lupé.

- Un certain Gérard de Nerval y séjourne au moins par trois fois.

- Plusieurs loges maçonniques, dont la célèbre '*les Sectateurs de la Vertu*' reprendront grades et titres des précédents mouvements ou personnages vus ci-dessus après avoir servi de 'vivier' lors de leur création et asseoir leur autorité.

Quel est ce lieu demanderez-vous ?

Tout simplement le très curieux petit périmètre de la Place des Trois-Pilat !

Planès ou le secret du dernier templier

Les vestiges du passé, sont des témoins matériels. Nos yeux peuvent les voir. Nos mains peuvent les toucher. Ils sont la base de l'investigation directe...

En 1943, Noël SPERANZE écrivait ce texte dans une brochure à propos de l'église de PLANES.

Planès et l'oubli.

Planès. Lieu peu connu des chercheurs d'insolite, sauf s'ils sont de ce secteur des Pyrénées-Orientales ou se rejoignent curieusement les trois régions Capcir, Cerdagne et Conflent.

Ici le passé s'est refermé sur plusieurs mystères, allant de l'Histoire à l'étrange réalité de constatations pas toujours en accord avec certaines chronologies. Ce constat se déroule sur la base d'énigmes qu'archéologues et spécialistes de l'art ancien renoncèrent à tenter d'élucider.

Il est certain, cependant, que nous n'aurons pas la

prétention d'éclaircir en quelques pages ce qui ne pouvait l'être par de doctes chercheurs chevronnés. Pourtant nous présenterons quelques 'détails', peu souvent divulgués, qui seront utiles et nécessaires à une meilleure approche objective de ce site vraiment hors du commun.

IMPLANTATION ET SITE

Nous sommes à 5km de Mont-Louis au bout de la D32. Rien ici ne laisse prévoir que le merveilleux attend le promeneur, le touriste, le curieux avertis ou non. Dans ce hameau perdu, le temps semble s'être arrête il y a bien longtemps sous la forme d'un étrange édifice religieux.

L'église de PLANES est édifiée selon un plan de forme unique en France et, à notre connaissance, en Europe voire même au monde. Tout au plus l'illustration et le principe de ce trace apparait-il sur quelques dessins ou représentations artistiques, en nombre très limité.

Imaginons, au sol, une construction triangulaire ayant sur chacun de ces cotes un arc pratiquement d'un demi-cercle.

LE TRIANGLE ET LE CERCLE

En 1657 le père N. CAMOS déjà en donnait une description brève mais fidèle. Nous préférons citer celle de P. JOANNE et C. RAYMOND publiée en 1881 semblant plus complète dans son résumé. *Le plan de l'église de PLANES est un triangle équilatéral dans lequel se trouve inscrit un cercle dont le diamètre est celui de la coupole. Sur chaque face du triangle est décrite une demi-circonférence de même diamètre que la circonférence intérieure, de sorte que l'édifice présente extérieurement un périmètre régulier composé de trois demi-circonférences ou absides alternant avec trois niches angulaires.../...Autrefois la porte d'entrée était placée au milieu de la demi-circonférence qui fait face à l'occident...* Voir les illustrations.

DEUX HYPOTHÈSES POUR UNE SEULE ORIGINE

Les experts en constructions romanes se succédèrent sur ce site quasiment unique. La première surprise passée devant ce monument, deux hypothèses se détachent radicalement en offrant un véritable champ clos à deux groupes d'historiens persuadés de détenir chacun la seule vraie solution. Toutefois, tous s'entendent pour reconnaître l'insolite de cet édifice énigmatique mais aussi de son ancienneté dont personne ne peut douter.

UNE TOMBE SOUS UNE MOSQUÉE !?

De nombreuses chroniques catalanes nous rappellent l'occupation de ce pays pyrénéen par les Sarrasins lorsqu'ils étaient maîtres du Roussillon et de la Catalogne.

Ces derniers s'imposèrent sur cette région sans trop de violence, ni vandalisme notoire durant une première période de 33 ans. Puis vint une période de combats incessants, durant près d'un siècle, lorsque les armées chrétiennes décident de repousser les Sarrasins loin des Pyrénées.

A cette époque Abu-Nezah est gouverneur de Cerdagne. Ce

prince arabe s'éprend d'amour fou pour Lampégie, fille d'Eude duc d'Aquitaine, qui partage éperdument les sentiments du maure. Celui-ci a ses troupes en garnison à Julia Llivia. Une heureuse paix scelle cette union qui, hélas, ne dure pas longtemps. Le calife Abd-el-Raman apprenant la liaison d'Abu-Nezah, donne l'assaut au fort de Julia Llivia où le prince s'est retranché avec Lampégie. Le couple n'a que le temps de fuir. L'ultime combat aurait eu lieu sur le site de Planès où se serait trouvé un camp fortifié. Le prince arabe y trouve la mort à la suite de quoi la fille d'Eude est capturée et conduite dans le harem de Damas ou elle décède rapidement.

La chronique dira, que revenu sur les lieux du massacre les fidèles d'Abu Nezah lui firent une sépulture sur laquelle ils édifièrent une petite mosquée... *une tombe élégante dans un bâtiment triangulaire surmonte d'un dôme, dans le village de Planes, à 4 lieues de Llivia.* Le lieu serait connu, depuis cet évènement, sous le vocable de `Mesqita'... la mosquée !

UN SYMBOLE DE TRINITÉ CATHOLIQUE

Pour d'autres savants, l'église serait l'extériorisation de la Sainte Trinité. Étrange trinité nous semblant plus hermétique et ésotérique que simple manifestation architecturale de la `foi du charbonnier'.

Nous prendrons pour seul exemple la manière dont on pouvait, à cette époque, construire un tel édifice. Il est indéniable que seul un maitre constructeur initié à la géométrie sacrée universelle pouvait exécuter ce travail. Un point central et un cordeau suffisaient pour en réaliser le tracé, lui-même composé d'un cercle dans lequel s'engendrait le triangle équilatéral. De fait le célèbre Docteur SABARTHEZ d'ajouter judicieusement, à propos de ce tracé complet que *sa forme serait inexplicable si elle n'était symbolique.*

Une étude plus complète s'impose pour ce site. A cet effet nous retiendrons, pour réflexion seulement ces quelques remarques et commentaires :

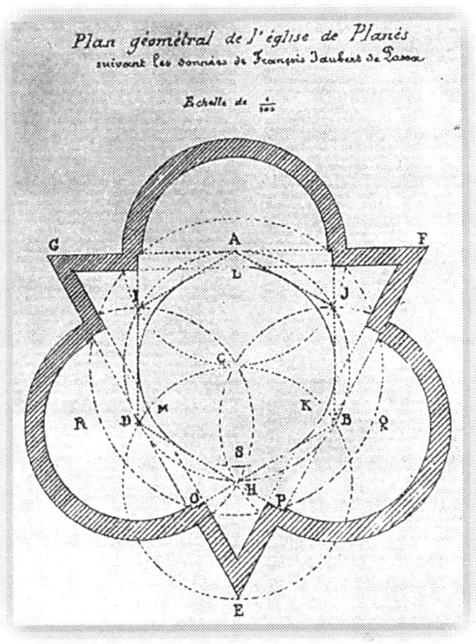

Le point de base de cet édifice peut se situer de plusieurs façons. Il est indéfinissable en raison du fait qu'il ne peut avoir, de par son état, aucune dimension ! Il est aussi la raison d'être du principe suprême qu'est l'Unité. Nous retiendrons que le 'point' ponctue, achève, suspend, interroge, affirme... tant également il est aussi le 'tout' dans la langue oiselée. Enfin disons encore qu'il symbolise hermétiquement le néant, le vide !

UN POINT SUR LE NÉANT

Aucun ouvrage, à notre connaissance, ne semble reprendre le curieux petit manuscrit faisant mention, sous l'église, d'une cavité donnant 'sur un abime sans fond, un gouffre insondable'. Il ne peut s'agir d'une légende car le texte est du a la plume du Père Basile Canavo qui s'y aventure en 1671. Il est dit aussi, même plus tard, que le sol de l'église comporte une tombe anonyme 'pas très grande'. Il serait alors possible que l'abbé Canavo ait compris qu'il s'agissait non d'un tombeau mais d'une fermeture. Un plancher contemporain recouvre à présent le tout, cependant le vide se distingue toujours en vue infra-rouge.

En effet, le prêtre descendit par une sorte de dalle épaisse puis accède très vite a une petite 'nécropole' ouvrant elle-même sur le vide. Sur ce propos, une phrase est a retenir : *Or ce point signifiant 'vide' est approximativement le centre de l'église, un point c'est tout.* Ce 'tout' peu fort bien signifier 'rien d'autre', certes, mais encore et peut-être un 'TOUT' au sens de totalité !

DE LA CONSTRUCTION GÉOMÉTRIQUE AU TEMPLE

Un point, un cercle, un triangle. La synthèse géométrique sur les plans sacré, ésotérique et hermétique semble être une construction religieuse : un temple !

Le Temple, d'après Léon Langlet, serait le lieu où se concrétiserait l'ensemble des figures géométriques constituant le plan de Planès. Temple s'entendrait ici au sens religieux en tant qu'édifice, lieu ou encore point de rassemblement des fidèles.

Si nous reprenons le texte Canavo, nous remarquons que la petite nécropole, sous Planès, représente pour lui *`les tombes du temple'.* Mais il n'en dit pas plus sur ce point un peu trop vaste et laconique pour pouvoir en tirer conclusion. Nous y reviendrons plus loin.

TEMPLE ET TEMPLIER

Bien entendu, très tôt plusieurs chercheurs orientèrent leurs travaux en direction de l'Ordre du Temple et tentèrent de comprendre si l'édifice pouvait leur être attribué. Rien ne semble pouvoir attester, avec certitude, cette hypothèse de travail mais il est pourtant nécessaire d'y regarder de plus près.

Bien sûr le texte Canavo pourrait bien, pris au pied de la lettre, indiquer que les tombes de la nécropole sont `du temple'. Mais en tant que prêtre, donc disposant d'une culture suffisante, il aurait peut-être apporté plus de précisions sur ce sujet et pourtant !

PETITE CHRONOLOGIE TEMPLIÈRE

- 1119, Hugues de Payens est le premier maître du temple.

- 13 octobre 1307, à l'aube, se déroule l'arrestation en France de tous les membres du Temple.

- 18 mars 1314, Jacques de Molay meurt sur le bûcher. C'est la fin officielle de l'Ordre.

La Tradition affirmera que l'Ordre, en vérité, survit à son abolition. Des frères entrant dans la clandestinité poursuivront un certain nombre d'activités de mémoires, celles-ci semblant être reprises elles-mêmes par des mouvements ésotériques, hermétiques. Officiellement il n'existe que très peu de preuves, sinon d'une reprise historique, d'une survivance organisée ou même d'écritures incontestables dans ce sens.

LE RETOUR QUI NE S'EST PAS FAIT

Dans le pays de Roussillon on prétend que plusieurs rescapés de l'Ordre se réfugièrent en des lieux secrets, sécurisés de longue date, connus seulement de quelques dignitaires templiers locaux. On se souviendra du frère Bérenger Dez Coll qui restera au Mas Deu sans doute pour veiller, avec raisons, sur quelques dépôts majeurs qu'il connaissait.

Sa famille comptait plusieurs hommes dans l'Ordre du Temple, et le secteur de Prats-de-Mollo, pas très éloigné de Planes. Plusieurs écrits repris aux 16ème et 17ème siècles attestent que non seulement des hommes du Temple continuaient à vivre sur ces 2 sites, mais qu'un important dépôt fut rassemblé dans ce secteur. Il y eut même un début de recrutement afin de reconstituer la milice sacrée. Si le projet n'aboutit pas, le dépôt restera en place -peut-être à toutes fins utiles ou afin de ne pas en éventer l'existence lors d'un déplacement trop visible- comme le confirme un document du fond `Soissan' en donnant la teneur complète. Le texte ajoute qu'un des accès à ce dépôt se fait par le 'Fort de Planès' dont peut-être l'abbé Canavo avait eu connaissance ainsi que celle d'une entrée ou d'un accès dissimulé que pouvait seuls connaitre quelques religieux locaux !!!

LA SOURCE MIRACULEUSE

Mais l'église de Planès s'entoure également d'emplacements symboliques et traditionnels. C'est ainsi qu'au long du chemin de Cascarols on trouve l'emplacement d'une source couverte sous un abri datant de 1898. Sous la statue de la vierge coule une eau que durent boire Lampegie et Abu-Nezah, réputée miraculeuse, même si la vierge locale date visiblement du 17ème siècle. La Tradition donne à cette eau des vertus curatives car dite 'des fiévreux'. Cependant, afin qu'elle soit efficace la tradition précisait qu'il était obligatoire d'y *laisser la coupe qui a servi à y boire.* On retrouve ce système d'offrande à la source de Merlin dans la forêt de Brocéliande. Cette source aurait eu aussi le vocable de 'source de la Reine'. C'est à ce titre que lié au trèfle du plan de l'église le site pourrait se trouver sous l'évocation de Régina. A propos on se souvient que pour Daniel Réju ce nom, Régina, étant celui de la dame de Trèfle -jeu de cartes- illustre le possible rapport avec le 'trèfle' argotique signifiant l'argent où le 'trésor', un peu comme le reflet de ces constats avec le château des Beaujeu en Beaujolais dont il nous est formellement interdit d'écrire le nom ou en montrer des clichés sous peine de poursuite judiciaires. On peut se demander, à raison, pourquoi ces peurs si on n'a rien à craindre de prétendues canulars ou mensonges, à moins que certaines de ces rumeurs ne conduisent à des éléments templiers que certains voudraient bien s'accaparer en l'interdisant aux autres, non ?

LA DÉCOUVERTE DU TAUREAU À L'ANGE

La fontaine détenait encore d'autres merveilles. La découverte de la `Mare-de-Deu' fut l'affaire d'un taureau conduit par un ange. L'équipage apparut à plusieurs témoins puis s'arrêta ainsi près d'une grotte d'où sourdait une source. Le miracle eut lieu après la reconquête du pays sur les Maures. Dans cette grotte furent remis à jour la statue de Notre Dame de Planès attribuée par certains aux Templiers, une cloche -pourquoi pas comme au Bézu près des deux Rennes en Razès ?, une `cassolette de cuivre' mais aussi une croix se trouvant toujours dans l'église vers 1970, église dans laquelle la cloche fut installée. Cette dernière, sans rebord, de forme conique, aurait le pouvoir de redonner la fertilité aux femmes ne pouvant avoir d'enfants. Il suffisait à la patiente de la faire tinter pour obtenir autant d'enfants que de coups elle avait sonné ! Il semblerait aussi qu'une petite galerie fut retrouvée lors du nettoyage de l'enfeu vers 1872. Le petit canal se serait dirigé, paraît-il, en direction de l'ancien castel de Planès.

LE CHÂTEAU DE PLANÈS

Quelques mots à propos de ce `castel'. Il est vrai que Planès laisse supposer l'ancien emplacement d'une antique motte féodale. Plus rien ne subsiste d'une quelconque construction forte. Pourtant les seigneurs de Planès ne pouvaient, sans doute, que loger dans une `maison forte'. La situation se prête également admirablement à un poste de guet remarquable. D'autre part le nom même de Planès proviendrait, certes de `plan' -planus-, mais encore de `errant' -planète-. Le lieu se trouvait sur une ancienne et importante possibilité de communication idéale pour les pèlerins ne pouvant manquer de s'arrêter là, à l'abri, avant de reprendre leur périple vers Compostelle.

De plus souvenons-nous que, si l'Ordre du Temple possédait le bâtiment, il avait vocation d'assurer la vigilance et la sûreté sur ses routes mais aussi d'accorder l'accueil à tous ceux, errants ou bannis, demandant l'hospitalité.

Un autre seigneur de Planès, Pons, fut hérétique converti à la foi cathare, et pour cette raison fut condamné à mort en 1262. Dans sa déposition, il fait mention du castel et de ses dépendances. Il est, hélas, possible que les bâtiments fussent détruits vers 1480 sur ordre de Louis XI probablement avec la place forte de Llivia. C'est à cette époque que nous retrouverons un récit concernant la tradition des 'caputs' attachée au castel de Planès.

LES TÊTES DE PLANÈS

Il s'agit d'une légende folklorique mentionnant que, dans `l'oratoire du château', autrefois se trouvait la relique d'une étrange tête. Cette tête, conservée dans une chasse aurait eu le pouvoir de s'animer la veille de la mort des seigneurs de Planès manifestant ainsi de quelle manière ils allaient périr et dans quel délai.

La tradition s'est perpétuée bien après le 15ème siècle. On en retrouve traces dans un mémoire écrit, agrémenté de croquis, par Marguerite du Roudat au 17ème. Il est aussi fait mention de deux autres têtes reliques estimées du 12ème siècle. Elles étaient toujours à l'époque de la Révolution dans une demeure de Prat.

L'une se présentait sous la forme d'un crâne humain sans mâchoire inférieure, serré dans une sorte de sachet en peau épaisse.

L'autre, bien plus curieuse, se présentait comme une tête complète momifiée, enfoncée dans une forme faite de métal et de terre cuite. Dans cette `coque' étaient pratiqués plusieurs orifices. L'un des `trous' aurait laissé entendre, dans certaines conditions, une sorte d'écho insolite ou `rumeur' pouvant être prise pour une mélopée sourde, très basse. Les lettres, d'une écriture incompréhensible, d'un texte pouvaient encore se lire sous le socle.

On ne peut s'empêcher de songer, face à cette description, aux fameuses tètes des représentations templières dites `Baphomet'. Deux de ces têtes sont encore accessibles et visibles. Nous ne pouvons qu'être étonnés devant le fait qu'aucun écrit ne fasse mention de ces 'détails' que nous estimons assez importants pour être au moins relates sommairement en pensant à ces têtes 'templières' de la maison de Gavarnie.

L'ÉGLISE ET LA TOMBE

Nous avons commencé ce travail en présentant un tracé fait à partir de curieuses données géométriques a hautes valeurs symboliques. Il est indispensable de revenir encore un peu sur ces représentations.

Si l'église de Planès parait bien être la seule sur cet étonnant principe architectural, le tracé du dessin lui-même nous réserve encore quelques surprises. C'est en effet dans une autre église, celle de Villelongue-de-la-Sallanque, que l'on retrouve sur une pierre tombale *un triangle flanque de ronds-points exactement semblables au plan de l'église de Planes, et dont l'idée parait avoir été empruntée à ce monument.* C'est, en tous cas, ce qu'explique un article de L'Indépendant du 5 aout 1964. En y regardant de plus près ce tracé est, en effet, la réplique parfaite du plan de Planès.

LA PIERRE DE BÉRENGER AMYLL

Cette tombe est celle d'un certain Bérenger Amyll décédé le 20 septembre 1449 et qui fut sacristain de Villelongue.

La gravure, si elle représente effectivement l'emprise au sol de l'église de Planès, a, en plus à l'intérieur un calice laissant deviner un contenu. En outre la pointe en bas du dessin est `percée et liée' a un Écu héraldique pouvant représenter des végétaux identifies a du millet.

Si la gravure est émouvante, pour nous elle est surtout parlante. Admettons donc un instant que ce croquis soit réellement lie au contour de Planes. Si l'on observe l'emplacement du calice, son pied se trouve là ou serait, sur le site, le 'gouffre' du Père Canavo. De plus, si l'on interprète 'pied' comme une dimension, cette dernière serait en accord avec le texte du vieux prêtre.

S'agirait-il, en outre, d'une symbolique mais présentant une sorte de message concernant `une coupe sacrée'. N'oublions pas que nous sommes ici les Pyrénées et ces contrées sont réputées pour avoir été le lieu de dépôt `d'un' Graal dont une illustration se trouve dans une grotte vers Sos. Ou encore faut-il entendre que le terme 'coupe' soit à percevoir dans un sens de liquide', sous-entendu en liaison avec cette source `Reine' -pourquoi pas lire 'Rennes ?- dans laquelle il faut laisser sa coupe après y avoir bu ? Dans ce cadre de réflexion, au sens symbolique et au 3ème degré en langue oiselée la signification éclaire formidablement le secret de l'église de Planès et par là de la survivance des chevaliers de Prats-de-Mollo !

ET DEMAIN ?

Au moment de conclure, nous recommandons aux lecteurs, sur ce thème, la consultation de l'extraordinaire travail de Léon Langlet. Ce dernier conclut son ouvrage en supposant Bérenger Amyll comme dernier survivant légataire de l'esprit Templier lié au site de Planès.

Pour cet écrivain cette pierre tombale serait l'ultime message *au groupe de ceux qui avaient cru pouvoir maintenir* la teneur de la chevalerie Templière. Cette représentation funéraire expliquerait la porte templière à présent close, pour le Roussillon, avec la mort de son dernier adepte.

Pour nous, certes elle est close, mais sûrement pas scellée définitivement, seulement `fermée' sur le contenu de son secret encore identifiable pour l'initié dans le symbolisme hermétique de Planès. Car il faut souligner que si une filiation `héritière', aussi discrète soit-elle, de certains secrets du Temple permit, ou imposa, une présence jusqu'au moment où décéda Bérenger Amyll, il devait y avoir une raison formidable, absolument essentielle qu'il nous faudra découvrir un jour sans doute très proche, sinon, pour quelle autre raison tous ces efforts démesurés avec des risques aussi importants ?

LA CONCLUSION SELON LÉON LANGLET

Enfin, Léon Langlet écrit: *Bérenger Amyll signifiait symboliquement qu'il était la dernière des pierres de celles qui avaient contribué à l'édifice de la Maison Templière. Et en tant que dernier témoignage de son allégeance au Temple, devenu Église de Planès, il reposait à jamais sous le plan de sa fondation, dans sa crypte.*

Il n'est pas nécessaire d'en ajouter plus. Tout est dit sur ce chapitre. Nous ne pouvons qu'inviter le chercheur à approfondir cette énigme pour y retrouver lumière et vérité.

Sectes? Attention... danger !

Les services spécialisés de l'État français dénombrèrent, fin 1995, près de 172 groupuscules classés *répondant à un degré de dangerosité* tel qu'ils méritèrent, après une étude sévère, le titre de `secte'. Ces organismes intitulés 'Organisations Mères' génèrent un réseau de `satellites' estimé à plus de 800 extériorisations et dérivés divers.

LE MONDE DE TOUS LES DANGERS

Nous sommes ainsi plongés dans le sombre milieu des sectes, monde de tous les dangers, des plus brutaux aux plus subtils dont les victimes se comptent par milliers. A titre d'exemple retenons quelques constats parmi les plus frappants : 5 mars 1995, 5000 blessés et 11 morts lors de l'attentat, au gaz mortel, par le mouvement Aoum à Tokio. 1978, 923 adhérents du Temple du Peuple se donnent la mort au Guyana.

19 avril 1993, la secte des Davidsoniens affronte les forces d'Etat à Waco au Texas provoquant ainsi la mort par suicide de 88 de ses membres.

7 Octobre 1994, Canada et Suisse, 53 personnes, toutes membres de l'Ordre du Temple Solaire, trouvent la mort dans des conditions à ce jour jamais clairement établies allant du suicide au massacre froidement organisé et la liste peut être allongée ainsi à l'infini !

LE MOT `SECTE'

Mais avant d'aller plus loin qu'est-ce qu'une secte ?

Le mot semble apparaître, pour la première fois, au 13ème siècle. Ses racines, pour la base latine, 'secta' sont au nombre de deux. La première se rapporte au verbe `couper'[12], la seconde au verbe `suivre'[13]. Ce qui, avec l'éclairage connu aujourd'hui sur le sujet, se passe de plus de commentaires, car entre 'suivre' et 'couper' nous plongeons au cœur même de la fonction profonde de la secte.

AU DÉBUT ÉTAIT LA RELIGION

Le dictionnaire des religions apporte un éclairage plus étroit

---

12 Secare.

13 Sequa.

au sens du mot secte *: Au sens originel, un groupe de contestation de la doctrine et des structures de l'Église, entraînant le plus souvent une dissidence. Dans un sens plus étendu, tout mouvement religieux minoritaire.* Si l'on suit ce sens, le terme secte semble bien, à l'origine, être lié à une idée de religion dans sa nature intime, plus particulièrement pour illustrer une rupture ou un désaccord avec l'Église. En ce cas, il est de bon ton pour l'Église en place d'accuser ce nouveau mouvement dissident de faire preuve d'erreurs incalculables et d'hérésie. Sur le propos du mot `hérésie', il suffit de faire un petit détour par le Catharisme pour savoir comment s'achève le fait de refuser le vieil adage *hors de l'Église point de salut !*

AUTRES DÉFINITIONS, AUTRES CONSÉQUENCES !

Si l'on veut définir le mot `secte' et ses déclinaisons par rapport à 'religion' ou `église' il est indispensable de cerner aussi le sens de ces mots. A l'étude de ces derniers de réelles surprises attendent le chercheur attentif. En effet, a l'époque de la Rome Antique, `Jésus de Nazareth' et ses disciples ne sont, pour l'autorité romaine, qu'une simple secte comme il en fleurit tant à cette époque. La seule imposition de Rome à ces mouvements est d'accepter l'empereur au même titre que les autres dieux. Si les autres mouvements se soumettent volontiers à cet impératif les chrétiens n'admettront jamais cette règle. Là encore nous connaissons la pénible suite de l'histoire.

Une observation détaillée de la religion chrétienne soulève une remarque primordiale : rien ne distingue vraiment la chrétienté des autres `communautés' a vocation fraternelle et religieuse de l'époque, ni encore aujourd'hui, que ceci plaise ou non au demeurant à entendre !

UNE AUTRE VÉRITÉ

A l'origine, les chrétiens se voient révéler une vérité innovante, formidable, dont personne autour d'eux ne connait le plus petit détail! De là naîtra ce sentiment, pour les premiers croyants, de ne plus être comme les autres, d'avoir la sensation d'appartenir à une société naissante extraordinairement hors du commun, seule promise et unique élue au-dessus de tous les peuples confondus!

Cette sensation ira grandissant au fil des persécutions et tentatives d'éradication du mouvement croissant que plus rien n'arrêtera désormais. Une analyse simple, autant que sommaire, s'impose d'office : ces nouveaux croyants s'entraideront mutuellement, envers et surtout contre tous, en dernier ressort ils auront la certitude d'être assistes totalement par Dieu. A cet effet, d'ailleurs, il leur est recommandé d'aller d'eux même au sacrifice ultime. En échange de quoi ils ont la garantie, après leur martyre et leur mort, d'obtenir les félicités suprêmes d'un paradis merveilleux ainsi que la promesse d'une résurrection, quand les incroyants, a l'inverse, rôtiront dans l'horreur des tourments de l'enfer.

Les premiers chrétiens entoureront, du plus profond secret, leurs rites, réunions, initiations, enseignements allant pour cela jusqu'à vivre dans les entrailles souterraines du royaume des morts : les catacombes !

DE LA SECTE À LA RELIGION

Le christianisme, dans ses débuts, considéré par Rome comme une secte négligeable mais agaçante, devient très vite une religion officielle, celle, de loin majoritaire de l'Europe dite `civilisée'. Ceux qui en contesteront la crédibilité et les fondements seront irrémédiablement persécutés et enfin mis au ban des sociétés : Juifs, Cathares, Protestants, etc...

NUANCES, TOUT N'EST QUE NUANCES !

Max WEBER donne une définition formidable de la secte et de l'église: L'Église *est une institution de salut qui privilégie l'extension de son influence, alors que la secte est un groupe contractuel qui met l'accent sur l'intensité de la vie de ses membres.* L'Église par ailleurs saura, lorsqu'elle ne pourra s'imposer d'office, s'adapter à une société changeante ou à un nouvel État. La secte, en échange, reste rigide, cassante. Elle entretient une distance envers la société en général, rejetant tous compromis avec cette dernière. Il en va de même vis-à-vis des autres mouvements, sociétés et religions.

NOTA BENE

Si l'exemple de la Religion chrétienne nous sert à illustrer la mise en place d'un mouvement, à l'origine localisé géographiquement, catalogué en son temps au registre 'sectes', c'est uniquement en raison du fait que chacun peut vérifier point par point la véracité des éléments présenté mais surtout pas pour insister et dénoncer un aspect 'sectaire' négatif qui n'est ni notre volonté ni notre propos ici. Par ailleurs œcuménisme et charisme de la religion chrétienne feront toute la différence, facile à concevoir, entre l'Église et une secte. Que personne, pas plus que nous, ne s'y trompe !

DANGER DE L'INTERPRÉTATION

Il serait dangereusement injuste de confondre mouvements, ou sociétés, dont le but avoué fut, ou est encore, l'étude du symbolisme et de certaines applications hermétiques tendant à la perfectibilité de la personne humaine dans la tolérance au sens propre du terme, et les associations dont la seule perspective finale est l'asservissement total de leurs adhérents.

Dans la première classification on retient arbitrairement pour exemple :

- Les groupes ayant pour doctrine les bases du druidisme antique dans la mesure où elles sont sincères. Pour seul exemple incontestable nous citerons le formidable et remarquable courant de Phileas Lebesque.

- Ensuite les rassemblements s'articulant sur l'enseignement de la `Rose-Croix ancienne' qui n'ont strictement rien à voir, sauf un nom usurpé, avec les 'Rose-Croix' de tous bords dont la diversité marque bien une incohérence flagrante. Nous retiendrons donc comme 'résurgence' authentique le seul 'Ordre de la Rose-Croix' du 17ème siècle. De ce dernier serait issue la formidable 'Aube dorée', qui elle-même donne sa dérive anglaise : la 'Golden Dawn'.

En face de ces mouvements facilement contrôlables sévit une multitude de sectes dont il est souvent difficile d'apprécier les réels dangers jusqu'au moment fatidique où il n'est plus possible de leur échapper sans y laisser ses biens et sa raison. Nous sommes alors, en ce cas, en présence de `sectes dangereuses'.

LE RAPPORT DE L'ASSEMBLÉE NATIONALE

Ce rapport, devenu indispensable pour la compréhension des mécanismes `sectaires', cerne parfaitement la dérive entre 'le fonctionnement légitime et la zone dangereuse', puis dresse une liste des sévices et préjudices subis par les victimes de ces associations malfaisantes, tels que : *déstabilisation mentale, exigence financière exorbitante, rupture induite avec l'environnement d'origine du sujet, atteinte à l'intégrité physique, endoctrinement des enfants mineurs.* Suivent ensuite les exactions judiciaires, antisociales, financières, actions pouvant aller jusqu'aux atteintes à la sécurité de l'État.

UN PHÉNOMÈNE SOCIAL

On remarque, dans l'Histoire, un engouement plus qu'un attrait pour les sectes chaque fois que le paysage social est en déséquilibre, lorsqu'une population éprouve de réelles difficultés politiques, financières, professionnelles ou autres problèmes annexes.

Le facteur familial est lui aussi un aspect majeur favorisant l'acceptation et le besoin d'aller en milieu sectaire. En vérité il s'agit du mal de vivre, du mal du siècle. Dans ces derniers on retient une cellule familiale en pleine déconfiture. Des parents accablés par de grosses difficultés de toutes sortes, affaiblis, de plus en plus désemparés face aux révoltes d'adolescents. Des parents absents ou *au contraire, trop présents, par leur violence, par exemple.*

OUVERTURE SUR L'IDÉAL DES SECTES

Le sujet faible, lassé, brimé, harcelé de problèmes, sans espoirs de solution, cherche au sein d'une secte une famille, des parents, un encadrement sécurisant, un choix d'issues préfabriquées, un espoir spirituel, une promesse de s'élever, une offre de revanche cuisante sur un passé lamentable au sens propre du mot.

Ainsi, *du jour au lendemain, on se retrouve avec deux cents, trois cents amis, qui vous recevront, vous accueilleront. Votre couvert sera mis. On vous entendra. Vous vous sentez en confiance...*

LES EFFETS PERVERS D'UNE VÉRITÉ MANIPULÉE

De fait, au départ, la secte joue la carte vérité mais en prenant soin de cerner étroitement de façon arbitraire des détails ponctuels réels. Le meneur de secte affirme que `tout va mal' et l'adepte ne peut que constater les détresses dans lesquelles se débattent les sociétés aujourd'hui. Les effets médiatiques accentueront le phénomène de perception en résumant chaque jour tous les cataclysmes possibles de l'humanité. Suivent ensuite les constats intimes, personnels, des postulants : '*vous êtes rejeté, incompris, maltraité, abandonné, humilié, mis au rang de la déchéance*. Tout au départ est vrai ! Insidieusement la secte exploite faiblesse et désarroi du sujet, puis le vide de toute personnalité, ponctionne ses avoirs bancaires, enfin l'exploite à son seul profit convaincu que seuls les membres de la secte auront, un jour très proche, les profits des félicités promises : sauvetage du monde, de l'humanité, survie garantie en des lieux paradisiaques, pouvoirs illimités sur les autres, la nature, l'univers.., ou communiquer directement et librement avec le créateur de toutes vies ! !

SECTES ET POUVOIRS

La scène politique engendre très rarement des sectes à buts politiques. Si le fait fut ponctuellement remarqué aux 19ème et 20ème siècles[14], il est nécessaire de faire un détour par le passé de l'Histoire pour retrouver le plus marquant des événements de ce genre.

---

[14] Jacobites écossais, loge P2, Carbonari Italiens, Ku Klux Klan, etc...

DE PAUVRES CHEVALIERS DU CHRIST

Encore une fois, ici il s'agit d'un mouvement à connotation religieuse. Quelques chevaliers, lors de la 1ère croisade, se réunissent afin de s'organiser en un ordre religieux. Ainsi nait l'Ordre du Temple ! Cette appellation lui viendrait du lieu qui, octroyé par Baudoin II, servira de première base au nouveau mouvement : les écuries du vieux Temple de Salomon.

L'ordre naissant des `pauvres chevaliers' n'ira plus qu'en prospérant. Les dons, privilèges, pouvoirs se succèdent sans tarir jamais. De `pauvre' cette chevalerie deviendra l'Ordre le plus puissant de la chrétienté médiévale sous le vocable d' `Ordre du Temple'.

LE CHOIX D'UN ORDRE

L'Ordre ouvre largement ses rangs à tous ceux, idéalistes, nobles souvent déchus ou désabusés, bannis, aventuriers, fanatiques, décidant de tout abandonner pour la plus grande gloire de Dieu. En échange ils auront tous également, nourritures, logis, équipements, respect, attentions fraternelles. Entreront dans l'Ordre de `pauvres chevaliers' certes, mais aussi bien des `grands' du monde médiéval. Ceux-ci se montrent, à l'étude, grands en fortune, mais aussi grands dans les arts difficiles du commandement en matière de structure, finance, politique, agriculture, construction et encore dans les domaines religieux, ésotérique, symbolique et bien d'autres disciplines insolites.

LE CHOIX DES INITIÉS

Est-ce vraiment pour tenir fermement cette masse guerrière que les fondateurs de l'ordre institueront un formidable rituel d'initiation à la réception dans la communauté, ou bien un plan est-il déjà en place ? Initiation dans des locaux cachés, de nuit, avec des rites très étranges et stricts. Jamais l'Ordre du Temple ne sera en peine de postulants, jamais. Pourtant, quel intérêt pousse ces hommes à la pauvreté, l'austérité, l'anonymat le plus complet, une obéissance sans limite... avec comme plus grand privilège de périr obscurément dans l'horreur d'un champ de bataille ?

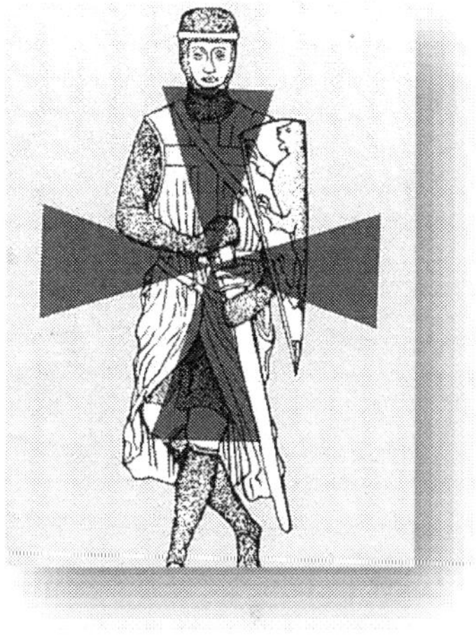

UNE DEVISE TOUT EN GLOIRE

Au nom d'une devise aussi sainte que simple l'Ordre s'enrichit jusqu'à un revenu de 400 millions de nos francs par an, en Europe uniquement. Pourtant cette puissance, que rien ne semble pouvoir arrêter, est abattue net par un roi inique, Philippe IV dit improprement 'Le Bel', un pape que l'on dira `faible', Clément V, et une poignée de conseillers au passé pour le moins douteux.

DE L'ORDRE À LA SECTE

Le 12 octobre 1307, au petit matin, l'Ordre du Temple est

touché à mort. Son agonie se prolonge jusqu'aux bûchers du 19 mars 1314 sur lesquels se consument les derniers dignitaires d'un Ordre réduit à l'état de secte malfaisante, hérétique, pervertie, corrompue, obscène, satanique. Oui, malheur aux vaincus ! Mais cet ordre si fort, se laissant arrêter sans résistance, fut-il exterminé vraiment pour le seul motif de secte sinistre ? L'Histoire montre de gros intérêts en jeu pour les autorités spirituelle et temporelle. Des sommes, des trésors que cupidement les sbires du roi chercheront en vain. Une vengeance, des morts, des vides dans le procès seront les seules conséquences reconnues.

RÉSURGENCES ET SECTES

La petite histoire note que jamais l'Ordre du Temple ne s'est éteint. Une succession clandestine aurait pris un hypothétique relais conservateur mais invérifiable historiquement. Invérifiables sont toutes les pistes ou affirmations dont parfois les preuves écrites sont difficiles à authentifier, tant nombreux sont les postulants à la résurgence de l'ordre légendaire devenu fantomatique, mystérieux, insaisissable.

Dès le 18ème siècle, des groupuscules à connotations Templières tenteront de s'identifier aux héritiers du merveilleux Ordre du TEMPLE médiéval.

TOUT AURAIT PU SI BIEN SE DÉROULER

Tout allait si bien dans le petit monde feutré et douillet des résurgences du Temple. Si bien tant que l'on y revêtait petites capes et uniformes ridicules, aussi tapageurs que grotesques accommodés de petites, bien qu'inutiles, épées de pacotilles. Dans ces tenues `tarte à la crème', on sirote paisiblement nostalgie du passé, culte du souvenir, du merveilleux en distillant lentement de formidables généalogies assurant aux uns et aux autres la seule légitimité de l'héritage fabuleux du Temple... Légitimités aussitôt renversées par d'autres toutes aussi éphémères que les précédentes. Rien de bien méchant en somme, ni de bien réel et tangible non plus !

RÉVEIL EN PLEIN CAUCHEMAR

Puis, tout à coup, la farce grotesque tourne au drame. Un matin du tout début d'octobre 1994 on apprend par les médias la mort de 53 personnes par 'suicides douteux' tous appartenant à un certain 'Ordre du Temple Solaire' ! Ce qui jusque-là n'est qu'escroquerie, carambouille et poudre aux yeux devient l'horreur de meurtres en série. Une secte néo-templière ! Encore une secte néo-templière. Encore une parmi plus de cent recensées plus ou moins officiellement. Mais, cette fois c'est une secte néo-templière de trop ! Ceux qui payèrent de leurs deniers, de leur crédulité, de leurs vies n'étaient pas 'Monsieur et madame Toulemonde' ! Et les médias de s'étonner de la personnalité des victimes.

A SUIVRE ?

Des livres, reportages, articles, dossiers, émissions, interviews inondent alors la chronique. Vague déferlante pour un meurtre collectif Mais est-ce tout ? Non, il y eut encore un peu plus tard un autre pseudo-suicide mais vrai meurtre collectif !

Les autorités inquiètes, dépassées, mettent très vite en place des paramètres anti-sectes. Il est plus que temps. Le rapport du 22 décembre 1995 de l'Assemblée Nationale met en lumière les mécanismes redoutables, machiavéliques, des sectes en action et de leurs conséquences parfois mortelles, souvent dangereuses, toujours gravement traumatisantes.

CE QUI NE FUT JAMAIS DIT

Qui retiendra dans la masse des éléments médiatiques et littéraires, que jamais certains noms ne sont mis en lumières par les `spécialistes en la prétendue matière' dont il est douteux qu'ils ne furent jamais à propos. Il en sera de même pour quelques faits jamais dévoiles par ces mêmes spécialistes. C'est ainsi que depuis plus de dix ans on nous cache qu'il y a une suite, encore souterraine aujourd'hui à cette résurgence. Mais demain ? Oui demain, à qui le tour du privilège mortel du 'voyage vers Sirius', ou encore de la cape suicidaire d'un autre 'néo temple' ?

De deux choses l'une: ou bien les `spécialistes' ne le sont pas tant que ça et n'ont pu accéder à tous les éléments de cette mortelle affaire -de fait, on peut se demander s'ils méritent de se dire `spécialistes' et nous de les considérer comme tels-, ne donnant qu'une vision tronquée de l'affaire O.T.S. Ou, pire encore, une `loi du silence' s'est-elle abattue sur une affaire dont les ramifications ne peuvent, et ne doivent pas, être clairement divulguées. En ce cas, légitimement pourrons-nous savoir pour quoi et pour qui ?

Nous avons eu connaissance que des éléments manquants sont accessibles, permettant d'établir probablement d'autres conséquences fâcheusement `oubliées'. C'est pourquoi à ce jour nous sommes en mesure d'affirmer que tout n'a pas été dit sur ce drame, et pire encore que l'horreur peut être au rendez-vous demain matin avec son effarant cortège funèbre. Non seulement rien ne prouve qu'un autre `0.T.S.' se prépare, dans l'ombre à s'imposer de nouveau, mais selon des informations 'sur le terrain' cette gestation serait sur le point d'éclore et cette fois plus solide que la précédente du fait de l'expérience de la précédente et des erreurs à ne pas reproduire ? Il est hélas plus que temps de se dire, 'demain nous le dira'. Mais, en ce cas, il risque aussi d'être alors un peu tard pour intervenir et prévenir une nouvelle catastrophe si on ne se demande pas si ce nouvel ordre, mieux armé de ces expériences et conséquences, n'est pas déjà constitué quelque part, dans le sud par exemple, et ne s'apprête à perpétrer d'autres actions criminelles peut-être parmi nos proches familiers, amis, ou connaissances.

Alors lecteurs... attention, sectes : dangers ! ! !

Au titre de ce sujet redoutable, nous ne saurions que recommander vivement aux lecteurs de prendre connaissance du 'Rapport de l'Assemblée Nationale N°2468 fait au nom de la Commission d'Enquête sur les sectes'.

Au moment où nous terminions ce texte, en 1998, nous

apprenions dans la presse du 15 octobre[15] que des dossiers concernant `L'Église de Scientologie' disparurent mystérieusement d'un palais de Justice. Puis, pour faire bonne mesure, au même moment, nous sommes informés de l'étrange cambriolage vis-à-vis d'un responsable travaillant sur les mêmes affaires. Toujours le même jour, la série se poursuit car on nous apprend le surprenant 'effacement' de tout un programme informatique, dans des locaux administratifs sous surveillance, à propos des sectes les plus dangereuses. Dans le cadre de cet article il nous semblait utile de mentionner ces informations.

ET ENFIN :

En ce mois de novembre 2001, l'affaire de 'L'Église de Scientologie' rebondit toujours tristement. Les médias nous informent que la justice s'étonne encore de la disparition des dossiers dans ses propres bureaux, alors qu'ils n'ont jamais été reproduits par photocopie... on croit rêver.

15 Le Parisien.

La `bande dessinée' et l'ordre du temple

N°1 : 'Le sceau du Templier'

L'Ordre du Temple, sous tous ses aspects, fut largement illustré dans les innombrables domaines de la communication ‘papier’. Livres, publications diverses, revues, thèses, bien évidemment tiennent largement l'avant-scène médiatique. Puis avec les nouvelles technologies de l'audiovisuel-visuel, du cinématographe, arrive une nouvelle profusion d'œuvres attractives historiques, romanesques ou le plus souvent de pure fiction. Ces domaines sont souvent repris dans bien des revues ou publications sous formes de mises à jour des précédentes parutions et rappels d'éditions anciennes. Cependant, si informatique et 'vidéo' prennent chaque jour plus d'ampleur chez les adolescents d'aujourd'hui, il reste un domaine encore très riche, fort apprécié : celui de la `Bande dessinée'.

Le phénomène loin de se tarir face à ses concurrents, pourtant techniquement plus performants, recueille de jour en jour davantage d'adeptes auprès des adultes.

A l'origine, cette forme d'expression qu'est la `B.D.' est avant tout éducative et pédagogique. Puis le support prend vite de l'extension avec l'apparition des `illustrés' périodiques pour la jeunesse, étroitement surveillés et soumis à une impitoyable censure. C'est l'arrivée massive des héros du 19ème siècle, surtout ceux du début du 20ème siècle, sur qui le temps n'a pas de prise, perdurant encore aujourd'hui pour le plus grand plaisir d'une clientèle de 7 *à 77 ans !..*

Des messages strictement moraux circulaient par la voie d'histoires, d'aventures, héroïques ou burlesques, jusqu'au plus profond de l'imaginaire, et de la future conscience du jeune lecteur. Qui, dans son enfance, ne s'identifia pas une seule fois à ses héros favoris retrouvés chaque semaine au fil des 8 ou 10 pages d'un périodique attendu avec l'impatience de la jeunesse ?

Mais en ces temps, la morale administrative ne plaisante pas avec ce genre de littérature. Chaque revue, parution, publication est soumise à un contrôle des contenus avec une stricte règlementation dans laquelle civisme, bravoure et bon droit doivent triompher en ayant le dernier mot sur le mal. On ne plaisante pas plus avec la fiction qui doit toujours se montrer en accord avec la réalité. Par exemple 'Sirius', auteur-dessinateur formidable, habitué des colonnes du 'Journal de Spirou', fait les frais de cette censure des 'Lectures pour la Jeunesse' en lançant son héros, `L'Epervier Bleu' vers la `Planète Silencieuse'. 'Planète silencieuse' qui n'est autre que la lune ! Les censeurs lui reprochent alors cet 'irréalisme' jugé arbitrairement stupide pouvant laisser imaginer a des enfants... qu'un jour l'homme ira sur notre satellite ! A cette époque il fut jugé scabreux et délirant d'envisager ce voyage 'impossible techniquement' ! Pauvre 'Sirius' tenu d'abréger et modérer les appétits spatiaux de son 'Épervier Bleu'. Mais, quelle revanche doit-il savourer plusieurs décennies plus tard lorsque la technologie spatiale lui donna plus que largement raison.

Aventure, héroïsme, tragédie, voilé du mystère. l'Ordre du Temple pouvait-il rester longtemps étranger à ces perspectives formidables ? Certainement pas, et on trouvera plusieurs albums reprenant pour héros les hommes du Temple. Ce sont ces supports si chaleureusement humains, au possible intriguant, que nous présenterons peu à peu au fil des parutions. L'Ordre du Temple ne se montre-t-il pas novateur d'un type d'odyssée prenant toute sa place dans des récits à perspectives d'idéal sans limite sur les plans de la spiritualité et de l'humanisme ? Certes, défauts ou imperfections sont au rendez-vous du `Templier' et de l'Histoire. Mais, en échange, que d'espoirs, de rêves, d'imaginaires frôlant la réalité n'engendre-t-il pas ? Peut-être un instant, pouvons-nous supposer qu'André Malraux, ancien Ministre de la Culture, pouvait penser aux ouvrages sur l'Ordre du Temple lorsqu'il écrivait finement que *Le livre est un petit tas de feuilles sèches ou une grande idée en mouvement ?*

LE SCEAU DU TEMPLIER

C'est en 1967 qu'un album signé 'Sirius' parait aux éditions Dupuis, Fils et Cie sous le titre 'Le sceau du templier'. Vingtième de la série 'Images de l'histoire du Monde', ayant pour fil conducteur la lignée 'Les Timour'. Cette Bande dessinée est édité dans l'ancien format proche du 21x27, en quadrichromie, et sur papier jaunissant délicieusement, sur ses extrémités au fil du temps.

Une forteresse écrasée de soleil, en Orient, du nom prédestiné de BAB-EL-GRAAL, défendue par le Temple succombe sous le nombre de Sarrasins. Le maréchal du Temple blessé a mort dans l'ultime assaut du donjon, confie a un chevalier son sceau, authentifiant tout document signé de l'Ordre, afin de le dissimuler en un lieu convenu, seulement connu de quelques dignitaires. Atteint à son tour par une volée de flèches l'homme se meurt dans le désert. Le chevalier TIMOUR recueillant les derniers mots du mourant accepte de récupérer le sceau et de le rapporter à Jérusalem, au Grand maitre du Temple. C'est le prétexte pour une aventure dans un contexte bien documenté, illustré dans un style propre a SIRIUS. Au fil des péripéties, le héros, Timour, se heurte au chef Sarrasin cherchant traitreusement à s'approprier le sceau Templier afin d'en tirer profit par l'usage de faux documents et félonie. Un chevalier du Temple trahit, lui aussi par appât du gain, en rejoignant les rangs ennemis. Pourtant, grâce à Timour, il se ressaisit et se rachète de noble façon en sauvant le sceau puis en le rapportant à Jérusalem.

Une aventure bien ordinaire, dirons-nous ! Oui... mais illustrée de manière à faire ressentir la brulure du soleil d'orient, les fraiches demeures sarrasines, puis les intrigues sournoises engendrées par la guerre en Palestine. L'esprit chevaleresque est bien rendu aussi avec son héroïsme, ses faiblesses, doutes, errances humaines. Aucun symbolisme, ésotérisme ou occultisme n'est sous-entendu au fil des pages. Le Templier y est montré simplement, sans apparat ni outrance, dans ses équipements et armements assez proches de la réalité.

Le sceau présenté en `médaillon' est celui représentant le dôme de Jérusalem. La définition du mot `REFIK' est donnée avec justesse : *titre correspondant à celui de chevalier dans la secte ismaélienne des Hashischins, ou assacines (d'où assassins) fondée par le Cheikh-alDjebal, le `Vieux de la Montagne'.* Les connaisseurs apprécieront le bon résumé de ce mot.

Mais surtout nous soulignons que le sceau, objet central de l'aventure, a pour nom 'Baussant', à notre connaissance c'est une première en la matière. Habituellement ce terme de 'Bauceant' - orthographe parfois dérivante- est attribué à la bannière ou fanion de l'Ordre du Temple. De plus cette orthographe ‘Baussant’ nous est quasiment inconnue. Ce détail pourrait être insignifiant car utilisé au long d'un récit romanesque. Pourtant l'auteur semble un habitué, surtout dans cette série ‘image de l'histoire du monde’, d'une documentation historique des plus sérieuses, conforme à la réalité. Sirius aurait-il eu accès à une source d'information jusque-là inconnue concernant ce nom donné au sceau du temple ? Fantaisie gratuite ou nouveau détail énigmatique?... la quête aux énigmes du Temple en `Bandes Dessinées' ne fait que commencer.

TEMPLE. Une discutable présentation de Philippe le BEL

Ce titre de rubrique, sans doute surprenant, mérite une explication. Il est courant, dans le langage populaire d'affirmer 'remettre les pendules à l'heure'. Cette expression concerne ce qui doit être mis en vérité, rectifié ou justifié alors que s'imposent arbitrairement des éléments tendancieux ou contraires à la réalité.

Ainsi nous présenterons, chaque fois que nous le pourrons, une prise de position pour ou contre l'Ordre du Temple médiéval, semblant trop, ou bien extrême, peu en rapport avec la connaissance actuelle des faits à notre disposition.

Cette rubrique s'ouvre avec un article paru dans l'excellente et magnifique revue `Pays Cathare -magazine-' numéro 12 de novembre-décembre 1998. Il va de soi que ce bimestriel admirable n'est pas directement en cause, pas plus d'ailleurs qu'est critiquée la personnalité de l'auteur du texte. C'est seulement certains aspects de ce dernier texte qui nous semblent quelque peu troublants par le travers d'affirmations émises sur le sujet `templier' depuis une hypothèse personnelle de l'auteur. Le plus important d'une hypothèse n'est-il pas, justement, d'offrir la possibilité d'argumenter, ou contre-argumenter sur ses tenants et aboutissants les plus fragiles ?

Titre de cet article : 'Philippe le BEL, stratège et manipulateur'. L'auteur agrégé d'histoire, spécialiste du Moyen-Age, enseignant à l'université de Nanterre *porte un regard original sur l'affaire des Templiers. Rejetant toutes les spéculations sur la cupidité de Philippe le BEL, elle explique leur arrestation par la piété du roi et ses ambitions politiques...* On croit rêver ! Si l'auteur ne disposait pas du garant de sa fonction on pourrait en sourire sans même prêter attention à ce texte, mais à la lecture de celui-ci c'est avec de larges traits vigoureux que nous sont assénés des affirmations et constats sur un ton ne supportant pas discussion.

Le texte commence sur des commentaires concernant *la première rafle de France,* où il nous est expliqué que cet exercice de force administrative fut un franc succès. Nous démontrerons, en détails, dans un prochain numéro que le résultat fut très loin, trop loin, de ce que l'on veut nous faire croire. Mais le problème est autre ici. On nous explique que la manœuvre de Philippe le Bel n'est surtout pas motivée par la cupidité ou un besoin criant de renflouer les caisses totalement vides de l'État. Loin de l'auteur cette idée ridicule! On lit, avec sérieux que *d'ailleurs cette affaire lui a coûté d'avantage d'argent qu'elle ne lui en a rapporté. C'est des raisons exclusivement politiques et religieuses qui l'ont motivé et ces dernières sont probablement fondamentales. Philippe IV est extrêmement pieux, soucieux de se montrer un roi très chrétien. C'est un*

veuf austère, qui ne s'est jamais remarié et n'hésite pas à faire condamner ses belles-filles adultères. Il a de la morale une idée très stricte, qu'il s'applique à lui-même. Et voilà qu'on lui dénonce les templiers comme des sodomites et des hérétiques ! Il est convaincu que s'il tolère des hérétiques et des sodomites dans son royaume, le pays court à sa perte. Or il se considère comme responsable du salut du royaume. A partir du moment où il est convaincu de la culpabilité des templiers, il lui faut donc intervenir.

Arrêtons-nous sur ces phrases. Nous devinons un roi, hors de toute turpitude, bon et loyal roi n'agissant donc finalement que dans l'intérêt de son peuple pour lequel nous voyons ce monarque, as de la fourberie, s'élevant en défenseur de l'intégrité religieuse. Allons donc ! Regardons l'Histoire de notre pays à cette époque ! Le peuple n'en peut plus d'impôts et d'injustice. Son prétendu bon et généreux roi, non seulement ne bouge pas, mais accentue de plus en plus la pression fiscale sur la France du petit peuple.

Intégrité religieuse ? Et bien parlons-en et observons quelques remarques sur ce point. Si la présence des templiers `sodomites et hérétiques' indispose tant la royale majesté dans son intégrité de monarque, comment expliquer que : la veille encore de l'arrestation des templiers le roi tient le cordon du poêle funéraire au cote du grand maitre du Temple pour les funérailles de l'épouse de Charles de Valois ? Force est de reconnaître que cette présence ne semble pas trop lui être urticante ou intolérable! Mais plus encore, comment expliquer que Philippe le BEL ait choisi pour parrain d'un de ses enfants le même grand maitre du

Temple. Quel exemple, quel choix désastreux fait d'immoralité, pour cet enfant que d'avoir un parrain sodomite et hérétique lorsqu'on se veut grand pourfendeur, devant l'Éternel, de ces calamités Templières, non ? Et encore comment expliquer que ce roi se soit réfugie en catastrophe dans la commanderie du Temple de Paris lors des ameutes populaires de 1306 en raison de trop d'exactions royales peu d'années avant sa grande lessive de l'Ordre du Temple ? Curieusement le doux Philippe ne semble, à ces moments où le peuple envisage de lui faire passer un sale quart d'heure, pas craindre de se réfugier chez les sodomites hérétiques surtout quand sa vie ne tenait plus qu'à la solidité des remparts et du fil des épées des hommes du Temple ! Le bon roi aurait-il, à ces instants de fuir lâchement, eu une crise d'amnésie ? Ne se serait-il plus rappelé de ces détails et de tant d'autres ? C'est dommage pour les Templiers en tous cas !

Tout aussi grand est le respect du sacré et de l'Église. Mais c'est une véritable mascarade et ce serait vraiment prendre le lecteur pour un profond crétin ! Avant d'apporter réponse regardons de plus près ce respect pour les représentants de cette église : n'est-ce pas lui qui `couvre' son excellent et paisible conseiller Nogaret pour maintes monstruosités religieuses? Des exemples : en 1301, il se fait la main en arrêtant l'évêque de Pamiers, s'opposant fermement à la politique royale, sous le chef d'accusation d'hérésie. Puis le 10 avril 1303, sous couvert de son doux roi intègre, Nogaret inaugure sa fonction en accusant le pape Boniface VIII de simonie et en demande l'arrestation, rien que ça !!! A la suite de quoi le 11 octobre le pape meurt d'émotion tant sa stupéfaction est grande lors de cette tentative de coup de force contre le Saint Siège lui-même. Encore cette année-là, Philippe le Bel accorde aux Templiers de nouvelles faveurs : *les œuvres de piétée et de miséricorde, la libéralité magnifique qu'exerce dans le monde entier, et en tout temps, le saint Ordre du Temple, divinement institue depuis de longues années, son courage qui mérite d'être excite a veiller encore à la défense périlleuse de la Terre sainte, nous déterminent justement (...) à donner des marques de faveur spéciale à l'Ordre et aux chevaliers pour lesquels nous avons une sincère prédilection.* Quelle farce ! Quel superbe exemple de cynisme délirant 4 ans après ! Nous n'oublierons pas non plus l'œuvre destructrice de Nogaret, toujours sous couvert de son roi, contre le pape Benoît XI, refusant l'absolution à ce conseiller royal. En effet, le 7 juillet 1304, le pape ayant convoqué Nogaret devant le tribunal religieux de Pérouse, meurt subitement d'avoir mangé des figues fraîches ! Quelle malchance, non ? Enfin sur le registre papal nous savons que Clément V devait au roi de France de l'avoir catapulté sur le trône de St Pierre en échange de 5 faveurs. Devant tous ces faits avérés, quelle droiture et leçon d'intégrité religieuse ce roi peut-il ensuite donner à la postérité et à son peuple ?

Mais, revenons encore sur les chefs d'accusation `sodomite et hérétique' lancé sur l'Ordre du Temple. Peut-on admettre sérieusement qu'à cette époque seuls les templiers puissent être soupçonnés de cette façon ? Était-ce la seule communauté religieuse vraiment capable de ce genre de choses ? Faut-il croire que les services de renseignements de Nogaret n'aient trouvé ces infamies qu'au sein de l'Ordre du Temple en fin de compte, qu'auprès de si peu de témoins sur un territoire grand comme la France ? Qui croirait, une seconde seulement, à cette affirmation? Quand on sait, qu'à cette époque, les évêques entretiennent parfois de nombreuses maîtresses dans un luxe de débauches et d'excès qu'on retrouve de même façon chez Clément V, ce qui est un comble ! A la cour même du roi, n'y avait-il pas dans ce registre scandaleux de quoi remplir plusieurs prisons royales ? Faut-il croire que la morale religieuse de Philippe le BEL ne s'arrêtait qu'aux Templiers ? N'y avait-il pas ce genre d'exactions au sein de son peuple, de ses armées, de ses conseillers ? Or donc, aussi peu de témoins pour tout un royaume déclencheraient une pareille affaire ? Pas de chance, car en plus ces rares témoins attestent contre l'Ordre du Temple seulement. De plus, lorsqu'on regarde la personnalité de ces témoins à charge on peut la qualifier pour le moins de `douteuse', car ce sont tous des parjures, canailles et proscrits expulsés de l'Ordre pour leur conduite précisément inqualifiable. On peut, en ce cas, se demander pourquoi ces hommes furent rejetés de l'Ordre si leurs pratiques étaient celles habituelles dans cette communauté. Mais ce sera, visiblement, plus que suffisant pour justifier les massacres, tortures, exécutions sommaires et surtout faire main basse sur tout ce qui peut se monnayer.

Même l'auteur de l'article en question ajoute : *effectivement, quand Philippe le BEL pouvait gagner de l'argent, il ne s'en privait pas.*

Si ce roi avait été aussi pieux que nous le présente ce texte il aurait certainement fait `le nettoyage par le vide' de tout ce qui pouvait entrer dans le chef d'accusation des Templiers ? En ce cas, gageons que Nogaret aurait eu à réaliser une ou plusieurs rafles par jour durant des mois, élevant des bûchers à chaque coin de rue! Restons sérieux, voulez-vous, car ce genre d'hypothèse pour le moins audacieuse est difficile à soutenir, voire impossible.

Mais poursuivons encore la lecture de cet article. C'est un peu plus loin que l'on apprend le plus sérieusement possible que : *Si Philippe le BEL arrête les templiers, c'est bien sûr en tant que roi de France, mais c'est surtout parce qu'il se positionne comme bouclier et chef de la chrétienté : il agit au nom de tous les rois chrétiens et il se place donc la dans une optique plus large que la France.* Une remarque s'impose en se superposant aussitôt en opposition à cette autre vision de la réalité. Ce ne sont sûrement pas tous les `rois chrétiens' qui acceptent la destruction de l'Ordre du Temple. Loin s'en faut encore une fois. Plusieurs souverains étrangers ne suivront jamais le roi de France dans cette voie, d'autres le feront avec mollesse ou bienveillance cachée ou directe pour l'Ordre, enfin d'autres accepteront tous les Templiers pouvant se réfugier sur leur territoire ! Il y a donc la une sérieuse faille difficile à combler dans ce genre de commentaires.

Quant à la conclusion de l'article : *l'affaire des templiers constitue le premier exemple de manipulation en France,* ce constat ne tient guère si on considère que dans de nombreuses régions de France, le peuple fut plus compatissant que déchaîné contre l'Ordre, et il en sera de même pour plusieurs communautés et ordres religieux, dont celui des chartreux, qui se montrera hospitalier pour de nombreux templiers désemparés en lieu et place de les dénoncer ou refouler.

Ceci étant dit, il n'est pas question, non plus de chercher ici à innocenter à tous prix les Templiers. Il est bien évident que dans chaque communauté, religieuse ou laïque, à plus forte raison lorsqu'elle atteint plusieurs milliers d'individus du même sexe, on trouve des éléments en rupture de ban, fragiles, instables, fourbes ou dépravés. Ensuite il est à souligner que la pratique incomprise, mal expliquée, restreinte, de certains aspects rituels peut, surtout si l'on veut n'en souligner ou retenir qu'un aspect négatif, apparaitre sous la forme d'une cérémonie maléfique, diabolique, contre nature ou hérétique.

Si l'on veut encore revenir à la théorie de C. Beaune, pourquoi le roi, apparemment si strict sur les principes sacres de la religion tolère-t-il de la part de Clément V qu'il a littéralement poussé à la papauté, que : *ce pape faisait un honteux trafic des choses sacrées, qu'a sa cour on vendait publiquement les bénéfices, qu'allant de Lyon à Bordeaux, il avait pillé sur son passage tous les monastères et toutes les églises où il avait établi le St Siège en France pour ne pas se séparer de la comtesse de Périgord, fille du comte de Foix, dont il était éperdument amoureux, que Philippe le Bel lui ayant offert de le faire élire pape a six conditions, il avait juré sur le saint sacrement de les exécuter toutes et que l'extinction de l'ordre des Templiers en était une* ???

Pourquoi, non plus, cette théorie n'explique-t-elle pas que Philippe le Bel fait répandre de monstrueuses calomnies sur les rites occultes juifs: profanations des hosties et vases sacres, crucifixion d'enfants le vendredi saint, et autre sottises, etc... Non pas dans le sens idéaliste du défenseur de la religion, mais bel et bien pour s'accaparer et voler les colossales richesses juives au seul profit des caisses royales ? Tout ceci n'est pas très reluisant pour un roi que l'auteur veut nous montrer extrêmement empli de respect, pieux, *soucieux de se montrer un roi très chrétien,* et surtout que toutes ses actions ne sont : pas *du tout une motivation financière qui l'incite à agir.* Ce genre de discours pour le lecteur averti tiendrait plus d'une galéjade que d'un résumé historique réaliste. Cependant pour une personne peu à propos de cette `affaire des templiers', la théorie d'un membre `enseignant à l'université de Nanterre' ne saurait être autre chose que l'absolue vérité vraie !

Puisse le lecteur en prendre acte et considérer, à la moindre apparition du mot `Templier' :

1/ que Philippe le Bel est un roi désintéressé, excellent politicien, bon et juste monarque soucieux de la foi de son peuple, entouré de conseillers loyaux, intègres, honnêtes, impartiaux.

2/ que les Templiers furent tous d'infâmes crapules sodomites, d'horribles hérétiques, de monstrueux personnages se vautrant dans la fange la plus repoussante.

3/ qu'il était plus que nécessaire, dans l'intérêt moral du royaume, que soit châtiée et écrasée l'hérésie ! ! !

L'hérésie ? A ce propos, en conclusion, il est peut-être ici utile de citer Monsieur William Shakespeare qui écrivait : *l'hérétique n'est pas celui qui brûle sur le bûcher, mais celui qui y met le feu.*

La Gnose du Temple

Près du Pont-Neuf, à Paris, se trouve une plaque commémorative inaugurée le 9 juillet 1969 par le président du Conseil Municipal de Paris. Elle rappelle que le 18 mars 1314, Jacques de MOLAY, 22eme et dernier Grand-Maître de l'Ordre du Temple, subissait son supplice sur l'île aux Juifs, à cette époque encore un îlot non encore réuni à l'actuelle île de la Cité. Ce martyre entérinait irrémédiablement la disparition de ce grand corps, phare de l'occident chrétien durant près de deux siècles dont la chute se révélait à plusieurs titres, comme une catastrophe pour la société européenne.

Loin d'être seulement un Ordre de Chevalerie, religieux, militaire, ce mouvement constituait pour la première fois une structure disciplinée, hiérarchisée, structurée, sur la base des quatre composants civilisateurs essentiels : le PAYSAN cultivant la terre, l'ARTISAN concevant, réalisant les outils œuvrant sur la matière, le COMMERÇANT valorisant les biens puis enfin le SOLDAT assurant la sécurité des trois premiers.

Très vite les Templiers se montrent d'excellents gestionnaires. Leur puissance matérielle, de fait, se retrouve en tous aspects de la société médiévale: agriculture, commerce, grands travaux, politique. Déboiser, défricher, fertiliser, ériger commanderies, maisons fortes, 'Villeneuves', organiser marchés et foires, protéger ponts, routes et ceux qui les empruntent, faire circuler la monnaie, innover un système bancaire fiable, financer, investir, tout cela est de leur domaine, ils excellent en tous. Ce tout s'harmonise avec l'implantation systématique d'un appareil militaire tant en Europe qu'en Orient.

Sur ce plan militaire, sa force est sans égale dans toute la chrétienté. Mais cet aspect guerrier s'équilibre tout naturellement avec une volonté d'afficher un `templier' diplomate, conciliateur, pacificateur, paisible et non belligérant en temps de paix. C'est un monde médiéval qui découvre, tout à coup, un Ordre faisant la démonstration d'une réussite dans le triple domaine de la diplomatie, de la guerre mais aussi de la maîtrise d'un mécanisme financier subtil, judicieux autant qu'efficace. On admire également son rayonnement spirituel s'accompagnant d'un impact sur les masses et institutions, semblant relever d'un Plan Supérieur connu de peu d'initiés.

En quelques décennies à peine, l'Ordre affirme sa maturité avec une étonnante facilité à prendre en main les destinées de la Chrétienté et de l'Occident face aux `autorités' de l'époque. Cela dans un esprit d'unité religieuse. Le terme de `religion', pour le Temple, hormis son acception courante, doit être considéré dans son sens primordial étymologique: *intégrité, conscience, exactitude à remplir ses devoirs.* Ce qui, admettons-le, n'était pas toujours appliqué par les autres Ordres, tels les hospitaliers, et nombre de religieux eux-mêmes à tous leurs échelons hiérarchiques. Le Temple avait également un aspect 'rassembleur'. Au sein de ce `rassemblement' remarquable, les hommes du Temple, accomplissant de multiples activités courantes, furent aussi avant tout des initiés véhiculant une Gnose sans âge et génératrice de certaines missions devenant des missions certaines de haute volée.

Mais le Temple avec tous ces aspects, nouveaux pour l'époque, prend vocation d'établir un trait d'union entre le spirituel et le matériel. Marial, de fait médiateur entre Ciel et Terre, il assume en toute connaissance l'indispensable lien entre ces deux plans qui - l'un comme l'autre — tendent à le détruire, comme ce sera le cas par le biais du pape Clément V et du roi Philippe le BEL. Par cette fonction le Temple 'bloque' le divin, lequel, pour se 'recosmiser' doit impérativement 'éclater' le Temple. Puis lorsque le plan 'divin' en a besoin à nouveau, le Temple est restructuré pour des opérations ponctuelles limitées, irrégulières dans le temps. Mais cette vision pouvant sembler insolite, voire inquiétante, entrait plus dans la définition du `Templisme' que dans celle d'un templiérisme' incontrôlable...[16]. L'ensemble de ce processus peut se percevoir plus facilement par la médiation du chiffre 'neuf' très cher à l'Ordre du Temple.

L'Ordre du Temple médiéval s'inscrit dans le courant qui l'a

[16] Nous reviendrons plus tard sur l'étude du terme 'templisme'.

suscité, respectueux des lois de la Révélation permanente, détenteur de l'âme de la Religion du Saint Esprit.

L'Ordre attendant la venue du Paraclet, rejoint en cela par le mouvement de Joachim de Flore, lequel subsista officiellement jusqu'au début du 15ème siècle, annonçant l'approche du règne du St Esprit ainsi que la révélation de cet Évangile qualifié par les templiers 'd'Eternel'. Pour vouloir être si haut, et apparaitre sur ce plan -comme sur tant d'autres- à l'image d'un précurseur, l'Ordre Médiéval ne pouvait que procéder d'un courant gnostique spirituel, remontant à une Tradition sans doute millénaire puisant aux sources les plus pures de la sagesse et de la connaissance.

Cet héritage de l'Ordre, si riche, aux vibrations si intenses, se rattachait pour l'essentiel à la révélation de Melchisedek, ce mystérieux roi de justice et de paix de la bible[17]. Roi en Canaan à l'époque d'Abraham qu'il bénit après sa victoire sur les Elamites : Le 'Larousse' nous dit de lui qu'il fut pris *comme personnage central supérieur au Christ, par plusieurs sectes,* que la théologie en fait le *grand prêtre par excellence.* Quant à Saint Paul, il en fait référence en ces mots, *là où Jésus est entré pour nous comme précurseur, ayant été fait souverain sacrificateur pour toujours selon l'ordre de Melchisedek.* Paul, qui poursuit encore : *et à qui Abraham donne la dime de tout —qui est d'abord roi de Justice, d'après la signification de son nom, ensuite roi de Salem, c'est à dire, roi de paix—[18]. Qui est sans père, sans mère, sans généalogie, qui n'a ni commencement de jours ni fin de vie,*

[17] Genèse XIV – 18,21.

[18] VII-2

—mais qui est rendu semblable au Fils de Dieu— ce Melchisedek demeure sacrificateur à perpétuité. [19]

Melchisedek, sur la nature exacte duquel nous pourrions longuement argumenter, avait en outre rétabli le rite du Pain et du Vin spirituels auprès d'Abraham, à l'image des sacrifices de Caïn[20] et d'Abe[21]. Accordant ainsi la Révélation totale à Abraham par son Sacerdoce, le Prêtre-Roi de Salem réintroduisait ainsi sur terre un double courant vertical de transmission. Abraham en léguera l'intégralité à Ismaël, le fils illégitime donné par sa servante Agar, ainsi qu'une importante partie à Isaac son fils légitime engendré par son épouse Sara.

L'Arche de l'Alliance dans le S. des Saints.

Le courant total reçu par Ismaël qualifié de *mémorisation* perdurera jusqu'à Muhammad, symbolisé par le croissant et la coupe. Le second courant *action* se prolonge jusqu'à Jean

---

19 V-5.

20 Végétaux.

21 Animaux.

le Baptiste, avec la croix et l'épée comme signature ! Au long des siècles, ces deux courants s'éloigneront sans cesse pour se retrouver soudainement, comme mus par une impérative volonté supérieure.

Ils s'affrontèrent en animant des hommes ou communautés entières, il en est ainsi avec Moïse, les Esséniens, le cénacle des Apôtres, Muhammad, la Table Ronde, la Chevalerie Celtique et enfin l'Ordre du Temple médiéval. Pour ce dernier nous retenons l'allégorie, si souvent interrogative, du `Baphomet' signifiant principalement le rétablissement de la tradition abrahamique dans son intégralité.

Quant aux Esséniens, gardiens du sacerdoce de Melchisédek, ils préparèrent la venue du Christ et restituèrent le Cénacle des Apôtres. A l'inverse, l'expression judaïque de la branche abrahamique se vidait de sa substance en ne reconnaissant pas le Christ.

A leur tour détenteurs de la Tradition primordiale, les Templiers se devront, au Moyen-Age, de retourner sur les lieux de la passion du Christ afin, entre autres raisons, de récupérer les dépôts de l'Ancienne et de la Nouvelle Alliance, symboliquement désignés par le terme un peu oublié de `Coupe du Savoir'. Selon les directives de Saint Bernard, et sous les ordres d'Hugues de Champagne, ils auraient retrouvé l'emplacement des sept dépôts sacrés de l'Ancienne Alliance, à Jérusalem, dissimulés dans les sous-sols du Temple de Salomon. Ils auraient procédés alors à la récupération de l'ensemble de ce dépôt sacré. A la suite de quoi ils auraient été en mesure de rapporter en France, l'Arche d'Alliance, les deux Tables de la Loi, la Verge d'Aaron, le Chandelier à Sept Branches, d'autres éléments précieux mais aussi les sept dépôts de la Nouvelle Alliance. Une tradition persiste encore aujourd'hui, affirmant que ces objets sacrés se trouveraient toujours en sécurité aux endroits prévus alors où ils seraient protégés. Le Temple, société de passage du médiéval, confirmerait, si besoin était, par cette reconstitution du Trésor initiatique par excellence, son rôle de gardien témoin, et de sa qualité d'héritier unique d'une connaissance sacrée phénoménale.

Ainsi l'Ordre apparaît-il comme Centre Spirituel, couvrant lui-même un Centre initiatique avec son Cercle Secret, ayant charge de garder en le maintenant intact ce dépôt de la tradition sacrée. Détenteur de celle-ci, son devoir était donc de transmettre, à son époque, la sagesse primordiale à tous ceux se révélant apte à la recevoir. Cette `Sagesse Éternelle' dissimulée sous le manteau initiatique entourant l'Ordre, était dispensée sous différentes formes. Elle supposait l'existence d'un Centre Unique, source du double pouvoir : sacerdotal et royal. Cette notion, logiquement, plaçait l'Ordre en position de cible désignée à la monarchie et a l'appareil romain. Le symbolisme en vigueur au sein de l'Ordre, outre différentes notions, évoque toujours le concept de Centre spirituel initiatique, unique générateur du double pouvoir. Trait d'union entre le spirituel et le matériel, le Temple exprime sa médiation temporo-spirituelle au travers de ses institutions les moins secrètes et quelques-uns de ses emblèmes les plus ostensibles. Ainsi le Collège élisant le Grand-Maitre est-il compose de douze membres à l'image du Cénacle des Apôtres. Il en va de même pour la règle prévoyant que le maitre devait avoir *deux frères chevaliers comme compagnons* ! Sur le Beauce ou Bauceant, les deux couleurs héraldiques, sable et argent, découlent de la croix centrale. Croix du Beaucens ou du blanc manteau - retranchant les Templiers du monde bien qu'ils soient mêlés étroitement aux affaires de ce même monde - le symbolisme 'central' est encore accentue par les huit pointes dont les huit rayons mettent en évidence la signification médiatrice du nombre huit.

Jusqu'au sceau, avec son double cavalier sur un seul cheval, symbole-clé du voyage entre les mondes, véhicule de la Connaissance, tout évoque le Centre spirituel, la médiation, le double pouvoir.

Trait d'union entre le spirituel et le matériel, l'Ordre du Temple incarne donc sur terre la suzeraineté spirituelle par excellence, situation pouvant seule expliquer la fascination qu'il exerçait chez les puissants de ce monde venant, vers lui, demander leur affiliation, mais aussi chez les humbles qui d'instinct deviendront *ses hommes.* Il en est également aussi auprès des barons féodaux, riches seigneurs qui à l'heure du trépas feront 'profession' afin de participer aux *bienfaits de la maison* dans l'autre monde. De là découle une Suzeraineté implicite permettant seule à l'Ordre d'assumer avec grand succès sa redoutable mission de pacification conciliatrice. Tout ceci permit aux Templiers de s'affirmer gardiens d'un ordre divin sur terre lequel dans son concept gagne toutes les manifestations du créé et l'ensemble des sphères de l'existence. C'est pourquoi sa guerre ne peut qu'être légitime.

Non seulement le Templier défendant les trois premiers ferments civilisateurs, ne semble pas poursuivre dans le combat, un but séculier, mais son bras se dresse au nom d'un mandat qu'il veut céleste, sans haine, mais surtout avec sagesse, prudence, circonspection. Comparées a la leur, toutes les autres guerres ne peuvent alors qu'apparaitre criminelles. Saint Bernard écrira d'ailleurs à leur sujet qu'ils sont *presque les seuls, parmi les hommes, à mener une guerre légitime.*

L'Ordre avait une perspective allant au-delà de l'humain. L'un des buts qu'il chercha à réaliser avec tant d'énergie, pour lequel il se dépensa sans compter, sera l'harmonie entre Autorité et Pouvoir que l'Ordre veut deviner inscrite dans le symbolisme de la Croix : la branche verticale représentant l'Autorité, la branche horizontale le Pouvoir.

Là encore les Templiers semblent évoquer, dans leur quête formidable, les propos de Saint Augustin lorsqu'il affirme que les deux cités, celle de la terre et celle du ciel, mêlées et confondues momentanément dans le siècle». Les Templiers feront figure de médiateurs, dans un univers où *les Papes se prennent pour des rois et les Rois pour des Dieux.* Tâche redoutable car ici toute médiation impliquera à la fois engagement, mais aussi indépendance rigoureuse.

Préalablement à une approche plus en profondeur de cette facette du Temple, considérons la situation de ce monde des 12ème et 13ème siècles ; La division du pouvoir temporel de fait règne partout. Les princes s'opposent aux princes, la papauté se heurte aux uns en s'appuyant sur les autres en d'incessants, autant que sordides, conflits d'intérêts : le Pape et l'Empereur se situent sur le même terrain, et ce terrain est bien bas !

Théoriquement, au Pape aurait dû revenir le pouvoir spirituel, à l'Empereur le pouvoir temporel. Mais l'un et l'autre agissaient exactement comme si le principe d'Autorité n'existait pas. Cela devait avoir une teinte de vérité si l'on en juge par cette succession effrénée, ininterrompue de querelles iniques, meurtrières, conduites à seule fin d'assurer le triomphe de l'une ou l'autre de ces deux puissances.

L'Ordre apparut ainsi dans une époque où tout était inextricablement enchevêtré. Les seuls critères d'analyse, susceptibles de ressortir de ce champ clos, se réduisent à ranger dans un camp les soi-disant partisans du Pape, avides de tous les pouvoirs, et dans l'autre ceux de l'Empereur-Roi soucieux de rejeter toute autorité !

La place naturelle du Temple se situait à la limite subtile du Spirituel et du temporel, trait d'union entre les deux: au Moyen-Age, chacun de ces pouvoirs ne cesse d'empiéter sur le domaine et compétences de l'autre. Au siècle, à la Terre, revient la notion de Pouvoir. Au Plan Divin, au Ciel, celle d'autorité, respectivement incarnées par l'Empereur et le Pape. Ce dernier, au demeurant ne peut en aucune manière se supposer comme souverain temporel. Ce faisant, il dérogerait gravement car, comme son nom l'indique clairement, le `Pontife' n'ayant aucun pouvoir, ne peut y prétendre. De plus, par nature même, l'Autorité n'exerce jamais de contrainte: respectueuse du libre arbitre des titulaires du Pouvoir, elle se limite à un rôle directionnel. Lorsque ceux-ci repoussent ses indications, l'Autorité cesse alors de se manifester auprès d'eux, ce qui ne l'empêche pas, éventuellement, de témoigner ailleurs !

La restauration de ce double concept d'Autorité et de Pouvoir — très compromis au Moyen-Age — en ce monde, échut donc à l'Ordre du Temple, ainsi que le rétablissement, si délicat, de l'équilibre entre ces deux notions. Reformer, rétablir en leurs naturelles fonctions Pouvoir et Autorité, équivalait pour le Temple à instaurer la `Civitas Dei' en donnant le Pouvoir a un Empereur universel, seulement soumis à l'Autorité représenté par le Pape lequel n'aurait jamais tenté, si peu soit-il, d'aligner le Spirituel au Temporel, schéma dans lequel le Spirituel serait resté strictement dans le cadre de ses seules prérogatives. C'est sans doute ce que voulait exprimer Saint Bernard lorsqu'il écrit que les templiers menèrent *un combat double, tantôt contre des adversaires de chair et de sang, tantôt contre l'esprit du mal dans les cieux* contre les ennemis du Pontificat authentique, qu'ils se situent dans le camp de l'Empereur ou au sein même de l'appareil romain — *'les cieux'* - *!*.

Dans l'optique du Temple, le Pouvoir véritable était l'Empereur, fils soumis de l'Église, défenseur intègre, respectueux de celle-ci. Mais c'était aussi l'affirmation de structures sociales par la valorisation du travail du peuple sans rejeter pour autant la nécessité de la hiérarchie. L'Autorité, alors devenait indiscutable mais uniquement spirituelle, entre les mains du représentant de Dieu. Par conséquence, c'était l'exigence d'une nouvelle Rome, purifiée de toutes ses souillures antérieures, crimes, complots, concessions, simonies de la Curie issue de ces époques sordides, violentes, dénudées de scrupules, pour être placé a cote de la Nouvelle Jérusalem.

Aussi, dans un premier temps, convenait-il de rappeler la primauté du Spirituel, de réinscrire celui-ci dans le quotidien, de souligner sa présence dans le plus infime de l'existence, de rendre témoignage en paroles et actions, de son immanence dans le temporel à travers la manifestation, vaste programme surhumain, colossal, apparemment d'avance voué à l'échec !

Pourtant, le caractère double, religieux et militaire, marquait l'Ordre d'une relation intime directe avec la source même des deux pouvoirs. Son mandat, la haute protection dont il jouissait, le titre dont il pouvait se prévaloir firent que les enragés des deux partis dénaturés n'eurent d'autre choix que de plier. Sans son caractère d'Elite spirituelle, l'Ordre n'aurait guère survécu à sa fondation ou se serait vu relégué à la garde des frontières... Seul exemple dans l'histoire, le Temple put participer à fond aussi bien dans les affaires du

Spirituel que du Temporel, tout en gardant sa totale liberté à l'égard des institutions respectives de l'un comme de l'autre.

Pion dans le temporel, jouant le jeu du système féodal, le Temple ne s'en trouva pas pour autant otage, car considéré comme Chevalerie du 'Souverain Roi' non comme ordre purement humain.

L'Ordre ayant accompli son implantation, se développa vertigineusement dans un consensus unanime, surmontant les luttes politiques, faisant fi du fossé sans cesse élargi entre Papauté et Empire, bien que par sa seule présence il évoque à chacun, en permanence, ses propres limites. Ce grand Corps, placé entre les protagonistes *comme un trait d'union, pour être cela, être plus que cela* écrivait Pierre Ponsoye. Le Royaume de Jérusalem devint pour lui le théâtre ou il éprouvait son action temporelle et ses principes concernant le Pouvoir, tout autant ceux mis en pratique en son sein que ceux auxquels il se pliait volontairement dans le domaine temporel. Par ce biais, les Templiers pensaient marquer les constantes de la vie existentielle par la règle de comportement qu'ils avaient adoptée.

Globalement, l'Ordre du Temple médiéval échoua dans sa tentative de rénovation et rééquilibrage du double pouvoir. Après 1307, la confusion entre les deux concepts `Autorité - Pouvoir' ne cessera de croître parallèlement à l'abaissement constant de chacun d'eux, dans le cadre de la décadence irréversible que connut l'Occident chrétien. Mais que l'Ordre ait pu tenter l'expérience, que celle-ci se prolongeât durant presque deux siècles, constitue en soi une sorte de réussite, un succès éclatant constituant peut-être la meilleure preuve de sa transcendance, tant les épreuves accumulées sur son chemin semblaient infranchissables et les oppositions puissantes figées dans leur intransigeance.

Dans l'orbite de la Tradition la plus pure, le Temple apparaît comme un courant synarchique avant la lettre, obéissant à deux grandes lois : celle d'Unité et celle d'Harmonie universelle. Pour les templiers, la Synarchie, envisagée comme une dualité exclusivement sur le plan de l'action, s'inscrivait dans le cadre d'un plan grandiose ; édification de la Cité de Dieu sur Terre, du Temple par excellence d'une humanité régénérée.

Au 19ème siècle, Saint Yves d'Alveydre, dans 'La France Vraie', exposant ses idées politiques, sociales, spirituelles, dans le sens noble de ces termes, donne naissance au mouvement 'synarchique'[22]. Le mot comme le programme d'ailleurs, se situe en droite ligne dans la connaissance, pensée et actions Templières : il s'applique à une fédération d'États autonomes placés sous la direction de deux chefs suprêmes, l'un spirituel: le PAPE, l'autre politique: l'Imperator ou Empereur. Tous les deux sont rigoureusement indépendants mais reliés directement au même centre initiatique.

[22] Du grec *'syn'* : avec, ensemble et *'arkhein'* : commander.

Naturellement cette Synarchie de tradition ne se conçoit que volontaire, non imposée par la force, acceptée par tous dans un esprit de solidarité, de sacrifice au détriment des intérêts particuliers. Car la Force sans Esprit n'engendre jamais la stabilité. Il en est de même pour la matière, si elle ne sert pas l'idée, elle n'a pour seule destinée que l'avilissement de l'Homme avec l'anéantissement des choses. Ainsi la Synarchie véritable doit-elle s'appuyer sur l'élection libre de conseils à tous les niveaux. En clair, la doctrine strictement synarchique envisagée dans son essence profonde, entend faire fructifier les biens matériels communs au service de l'Esprit.

Le Temple, à partir de concepts éprouvés par différentes expériences humaines effectuées dans les domaines les plus variés, réalisa un destin apte à servir un *impérialisme* hautement désintéressé...

Dante, dont on n'ignore pas quels furent sa mission et son rôle, commentera dans sa 'De Monarchia' cette vision d'un Empire unificateur avec son Souverain des monarques, dépositaire d'une charge élective non héréditaire, désignée par une assemblée de pairs a l'instar des premiers Empereurs du Saint Empire Romain Germanique et des grands maitres de l'Ordre du Temple. Le tout reposant sur le grand principe de l'effacement des intérêts particuliers dans la satisfaction des aspirations à la liberté sociale, l'affranchissement généralise, la solidarité et le compagnonnage.

Daniel REJU

Le concile de Vienne. Une gloire historique sans pudeur

ET D'UN !

L'archevêque, de son côté s'opposa à l'exécution de cet ordre, dont l'effet demeura réellement suspendu jusqu'au départ de Louis pour la croisade. Alors afin d'empêcher son rival de mettre ce prince dans ses intérêt Arnaud couru à sa rencontre, et le joignit à Vienne en Dauphiné[23]. Nous sommes début juin 1209 et il s'agit évidemment du légat vers qui se rue Arnaud.

Les croisés se réunissent à proximité de Lyon et se dirigent vers le sud, sous la direction du légat du pape, Arnaud Amaury. Nous sommes à la veille du départ depuis les embarcadères portuaires viennois[24], d'où les embarcations partiront directement pour déverser les premiers gros barons du nord et leur host. Ils débouleront sur le Languedoc et le mettront à feu et à sang. Au départ des tueurs la ville de Vienne fête l'évènement dans la liesse la plus complète et de un !

CONCILE DE VIENNE DU 13 AVRIL 1312...

1307, le roi Philippe le Bel jure la perte des Templiers. A cet effet il fait établir, par ses larbins, un des chefs d'accusation

---

[23] Histoire des croisades contre les Albigeois, par J.J. Barrau et B. Darragon – tome I, 1840

[24] L'armée se réunit à proximité de Lyon. Source Wikipédia.

contre l'ordre pour hérésie. Il faut à présent, pour en finir de manière formelle, que le pape Clément V ordonne la tenue d'un concile à Vienne en Dauphiné. Cette perspective de concile pousse le pape à choisir sa résidence en Avignon, afin de surveiller et avoir la complète mainmise sur ce concile final loin des incertitudes et troubles politiques de son saint siège à Rome. Les protagonistes décisionnaires sont réunis dans l'évêché de Vienne en 1311. Par la même occasion, Clément V va enfin pouvoir faire ratifier la condamnation pour hérésie des Spirituels, des pères franciscains intégristes observant une complète pauvreté matérielle. C'est là que Philippe le Bel oblige, dans la foulée, Clément V à supprimer l'ordre du Temple dès le mois d'avril 1312 afin, par cette mesure, que le prélat soit le seul à endosser la dissolution des Templiers, sans que le roi n'en supporte la moindre responsabilité. Par la même, cette manœuvre va également empêcher écrits et archives impliquant la participation du roi ou de ses agents et effacer leurs présences des registres de la chancellerie pontificale.

Par cette action de faiblesse, impuissance et soumission, et bien qu'il ait orchestré l'élection de Henri VII de Luxembourg au titre de roi des Romains en 1308 ainsi que son élévation au titre d'empereur du Saint Empire romain germanique en 1312, Clément V s'incline à l'influence du concile de Vienne et à la pression de Philippe le Bel.

Clément V, peut-être bourrelé de remords et de honte, fait tant et bien pour retarder l'échéance, qu'en finale le concile, au cours duquel le premier pape du Comtat doit condamner le Temple, n'est rassemblé en état de ratifier l'infamie, qu'en 1311 sur injonction musclé du roi de France pressé d'en finir, mais surtout enfin pouvoir se remplir les poches. Cette fois, bel et bien obligé de s'exécuter, le Pontife quitte son palais forteresse de Notre-Dame du Groseau, le 18 septembre pour, à regret, rejoindre Vienne et y accomplir sa dégradante besogne.

Sans doute dans un dernier sursaut de honte, Clément V promulgue in extrémis, le 22 mars 1312, cette bulle dite 'Vox in excelso', supprimant à jamais l'Ordre du Temple, on doit se rappeler qu'elle fut approuvée au cours d'un ultime consistoire 'secret' avant sa publication. Par prudence, et lâcheté sans doute, cet acte est publiquement annoncé le 3 avril de cette année viennoise. Cet ultime rebondissement, produit devant tout le concile, incontestable, met en fureur sa majesté n'ayant pas prévu qu'ainsi tous les immenses biens de l'Ordre du Temple lui glissent des doigts en se retrouvant attribués aux chevaliers de Rhodes. C'est un mois après, que Clément V attendra un mois de plus pour fulminer la bulle 'Ad providam' apportant les biens templiers aux Hospitaliers de St Jean de Jérusalem. Le verdict, en forme de chronique annoncée, en séance plénière si inéluctable est finalement proclamé le 13 avril 1312, en présence du roi

Philippe IV le Bel voulant surveiller lui-même le bon déroulement de ses projets iniques. A noter que la dernière bulle pontificale, 'Vox in excelso, de cette affaire 'à tiroirs' ratifie, cette fois, la dissolution de l'Ordre du Temple. Pourtant, curieusement, chose le plus souvent oublié ou non souligné, elle ne le condamne pas !!! Hélas, malgré ceci, s'en est fait le sort des hommes du Temple est réglé de l'ignoble manière que nous savons malheureusement.

Le dernier acte de l'affaire du Temple se joue le 18 mars 1314. Sur décret royal, Jacques de Molay, dernier grand-maître de l'Ordre, Geoffroy de Charney et un troisième dignitaire sur l'identité duquel on éprouve des différences, déclarés 'relaps' en revenant sur leurs aveux sous la torture, sont brûlés vifs à Paris. La messe est dite !

Oui la messe serait donc dite. Pourtant il y a tant d'incohérences dans cet épisode, que nous nous proposons de revenir en détail, lors de nos prochaines publications, sur la situation globale des protagonistes à Vienne ainsi que les contenus des 'bulles' rendues lors de ce concile.

Il sera aussi question de ce fait reconnu, mais souvent contesté ou minimisé lorsqu'on ne plus le nier sans avouer une position destinée à ridiculiser la fin du Temple, lors du concile de Vienne. Le lecteur aura compris qu'il s'agira de ce fait relatant l'arrivée de plusieurs centaines d'hommes du Temple, bien équipés de pied en cap, qui durant une journée aurait caracolé en tenue de guerre sous les murs de la ville terrorisée emplie de lâche de la meilleure eau. Légende ? Folklore ou réalité si dérangeante que personne ne souhaite en faire l'étude. Ce n'est pas grave et nous le ferons sans le moindre problème.

LES JOIES POPULAIRES DES JEUX MORTELS DU CIRQUE ?

A ce stade de notre travail, nous souhaitons affirmer notre surprise concernant les réjouissances et manifestations festives entourant les deux événements qui, pour l'un fut la mise à feu et à sang du sud de tout notre pays et le second un concile fantoche ayant eu pour théâtre la fin d'un ordre et les conséquences qui en découlèrent, sans parler plus avant des horreurs engendrés par ce concile inique. Et tout ceci sous les applaudissements de spectatrices et spectateurs en redemandant encore plus l'an d'après. D'où notre surprise en entendant certaines de ces personnes s'engager dans le devoir du respect de la mémoire du Temple et en prendre sa défense face au iniquités et d'un autre côté applaudir à grands bruits, un événement marquant à jamais l'horreur de la disparition, dans les tortures et les mensonges pour la puissance financière et le pouvoir. Pour nous il n'y a vraiment pas de quoi être fière de telles horreurs ni les célébrer à grand fracas et rires festifs.

A quand la reconstitution du bûcher des derniers dignitaires du Temple, aux dimensions réelles avec victimes volontaires ou non, brûlées vives sur un bûcher béni. Tout ça agrémenté forcément d'autre formidables reconstitutions de scènes de tortures appliquées sans ménagement à des victimes cathares, par exemple des enfants, femme vieillards sans oublié, les viols de la soldatesque envahissante, et surtout pas non plus la grande scène du déterrement des morts hérétiques, ou présumés comme tels, pour les brûler en place publique. Ça vous choque ? Et la fête sur ces thèmes, non ? Ah bon... Nous oui !

Voici que s'achève le numéro 1 de la série `templier'

Ce travail se veut sans la moindre prétention et inscrit dans la seule intention d'ouvrir des perspectives de travaux ponctuels, réflexions, mise à jour de voies oubliées de recherches de peut-être combler quelques lacunes, un travail de mémoire pour ce formidable passé `templier'.

Sans doute avez-vous des interrogations à propos des éléments ponctuels présentés dans ce cahier ? Ou autres ? Ou plus généraux ? Sur un site ? Un personnage ? Un fait ? Un objet ? Une énigme ? Faites nous part de vos questions ? Dans la mesure de nos documentations, avec nos moyens, nous tenterons d'apporter, sans doute pas d'absolues réponses, mais au moins ce que nous pourrons avec bon sens. En la matière, chacun pourra donner son avis, ses observations ou tout élément permettant de compléter les bases de données.

Vous constatez une erreur dans nos commentaires ? Merci de nous signaler cette remarque. Nous rectifierons dès que possible avec vos arguments ou de possibles modifications.

De même nos colonnes sont ouvertes à tous afin de vous permettre d'y présenter des travaux personnels ou collectifs dans le cadre et l'esprit de `templier'...

Toutes vos remarques contribueront à améliorer cette publication en la rendant, pour tous, plus attractive et intéressante. Merci de votre attention.

Sommaire du cahier suivant (n°2):

La légende de la dame de Trèfle

Montsaunès -suite- approche des peintures templières... ou l'art de se mettre le doigt dans l'œil d'un ésotérisme d'opérette.

La vengeance du Temple ?

Rochemaure et le carré magique templier sur le territoire

Le temple en Bande-dessinée : Le Gal et les momies

Rubrique 'Réalité templière' la rafle du 13 octobre 1307

Hypothèse d'un 'autre' commencement de l'Ordre

Le paquetage du templier. La terre sacrée.

Marlette, une commanderie en Pilat.

Le Blason 'maudit' de Vienne' ?

19917857R00080

Printed in Great Britain
by Amazon